AF280808

TAKETORI-MONOGATARI

DIE ERZÄHLUNG VOM BAMBUSSAMMLER

aus dem japanischen Urtext neu übertragen und angemerkt von
Horst Arnold-Kanamori

Sollte ich umkommen – nun gut,

solange ich aber lebte,

wollte ich so weiterfahren...

(Kap. 4.4)

TAKETORI-MONOGATARI

DIE ERZÄHLUNG VOM BAMBUSSAMMLER

aus dem japanischen Urtext neu übertragen und angemerkt
von
Horst Arnold-Kanamori

**Bibliografische Information
Der Deutschen Nationalbibliothek:**

Die Deutsche Nationalbibliothek verzeichnet diese Publikation
in der Deutschen Nationalbibliografie;
detaillierte bibliografische Daten sind im Internet über http://dnb.dnb.de abrufbar.

Die automatisierte Analyse des Werkes, um daraus Informationen insbesondere über Muster, Trends und
Korrelationen gemäß §44b UrhG („Text und Data Mining") zu gewinnen, ist untersagt.

© 2024 Horst Arnold-Kanamori

Verlag: BoD · Books on Demand GmbH, In de Tarpen 42, 22848 Norderstedt

Druck: Libri Plureos GmbH, Friedensallee 273, 22763 Hamburg

ISBN: 978-3-7597-0527-3

INHALTSANZEIGE

KURZE VORREDE

Nach der Arbeit an *Klassisches Japanisch I - V* mit *Manyôshû, Kokinshû, Makuranosôshi* etc. war an ein klassisches Zwischenspiel mit einem erholsamen Text gedacht. Dem schien die vergleichsweise knappe Diktion des *Taketorimonogatari* entgegenzukommen. Doch es ging wie mit einem Kreditvertrag, einmal abgeschlossen, stellte sich recht bald heraus, daß alles ganz anders war - und man, einmal darauf eingelassen, nicht mehr davon loskommt.

So entstand diese genauestens kommentierte Neufassung einer wundersamen altjapanischen *Erzählung vom Bambussammler* über Liebe und Geld, die vielen Japanern im Punkt der vergeblichen Liebe des Tennô zu der Bambusprinzessin nur in einer zensierten Fassung, bzw. den Edo-zeitlichen populären Nacherzählungen bekannt ist, und die den (natürlich: lehrenden wie lernenden) Leser in eine noch ältere sprachliche Schicht des Japanischen führt, als das bei den bisher in dieser nicht endenden Reihe vorgelegten kommentierten Übersetzungen der Fall war. Fragen der Genealogie des Werkes beantwortet die folgende, dankbar zitierte Einleitung von Bruno Lewin, die dieser in seiner *Japanische Chresthomatie* einigen wenigen Ausszügen voranstellte.

Die Neuübersetzung hat dabei nicht den Zweck, die vorliegende komplette Fassung von Naumann[1] zu verbessern – wiewohl auf Differenzen zu dieser gern hingewiesen wird – sondern einen Text vorzulegen, der dem modernen Sprachempfinden des Autors entspricht und in nichts altertümelt oder märchelt etc.[2] Die Zeitgenossen haben schließlich auch modern geschrieben. Den sprachlichen Abstand gilt es zu überwinden.

Gar nicht berücksichtigt wurden die in verschiedenen europäischen Sprachen vorliegenden älteren Übersetzungen bzw. Nacherzählungen angefangen mit R. Lange aus dem Jahre 1879 bis zu *Die Jungfrau vom geschmeidigen Bambus* (Taketori-Monogatari – Nach der Übers, v. J. M. Schwarz-Okuno 1953) oder der

---

[1] Zu den Literaturangaben vgl. die Bibliographie S. 72 ff.; natürlich habe ich Naumann gern gelesen und bitte um Vergebung für freche Sprüche, doch: *was ist ein Hobel ohne Späne?*

[2] Die vollständige Übersetzung von Naumann ist stark wörtlich gehalten und erweckt so den Anschein einer alten Märchenerzählung, doch ist das Original – soweit wir das beurteilen können – in flottem zeitgemäßen Japanisch geschrieben und nicht etwa in einer alten verschrobenen Sprache, entsprechend ist eine Übertragung in modernes, flüssiges Deutsch angesagt, was sich auch gut bewerkstelligen läßt. Vgl. das extreme Beispiel aus Nr. 9.6, wo der Naumannsche Text (wegen eines Verständnisfehlersfehlers: *aus den Augen lasse* ist *verlasse*; siehe dort) schier unverständlich wird, mit meiner – sich genau an den Originaltext haltenden – Neufassung (nebst kleiner aber feiner Korrektur: *sehnsüchtig*):
Naumann: *Es wird euch sein, als müßte ich herabgefallen sein aus dem Himmel, wohin ich gehe, indem ich euch aus den Augen lasse.*
Neufassung: *Euch, die ich nun verlasse, wird scheinen, als fiele ich vom Himmel, dort, wohin ich gegangen bin, sehnsüchtig zu euch herab*

wunderschön ausgestattete und von Matsubara Hisako sicher gut übersetzte Band, *Die Geschichte vom Bambussammler und dem Mädchen Kaguya* (1968).[3]

Verschriftung und grammatische Erläuterungen beruhen auf *Nihon kotenbungaku taikei* (*NKBT*), Iwanami 1954[7]『日本古典文学大系』9、岩波書店 39 年, sowie insbesondere auf MITANI Eiichi, *Taketorimonogatari yôkai*, Yûseidô, 1964 三谷栄一『竹取物語要解』有精堂 49 年 auf den bei den Anmerkungen zurückgegriffen wurde. Klassische Abbildungen sowie japanische Lagepläne (don't google; fahr einfach mal hin) ergänzen den Band.

Die Herkunft der Gestalt des alten Bambussammlers ist ungeklärt. Wir erinnern uns aber, daß er bereits in der (Original chinesischen) Einleitung 題詞 zu dem Lang-Lied *Manyôshû* XVI/3792 erscheint, die deshalb hier angeführt werden soll:

昔有老翁号曰竹取翁也

昔、老翁有り、号を竹取の翁といふ。

Mukashi, okina ari, gau wo taketori no okina to ifu.

Es war einmal ein alter Mann, der hieß der alte Bambussammler.

此翁季春之月登丘遠望

この翁、季春の月に、丘に登りて遠く望む。

Kono okina, kishiun no tsuki ni, oka ni noborite tohoku nozomu.

Der Alte Mann bestieg im 3. Monat, dem Frühlingsmonat, eine Anhöhe und blickte in die Ferne.

忽値煮羹之九箇女子也

忽ちに羹を煎る九箇の女子に逢ひぬ。

Tachimachi ni atsumono wo niru kokonotari no onago ni ahinu.

Sogleich traf [sein Blick] auf neun Jungfern, die damit beschäftig waren, Suppe zu kochen.

---

[3] Übrigens ohne Angabe des Quellentextes, aber offenbar nach *NKBT* 9. Illustriert von Matsubara Naoko

百嬌無儔花容無止

百の嬌は儔 無く、花容は匹無し。

Momo no kobi ha taguhi naku, sugata ha taguhi nashi.

Alle waren von unvergleichlichem Reiz, ihre Gestalt von nie gesehener Schönheit.

于時娘子等呼老翁嗤曰 叔父来乎 吹此燭火也

ここに娘子等、老翁を呼び嗤ひて曰く、叔父来りて、この燭火を吹けといふ。

Koko ni onagora, okina wo yobi warahite ihaku, oji kirite, kono tomoshibi wo fuke to ifu.

Da riefen die Mädchen den alten Mann herbei und sprachen lachend: „Onkelchen, komm, blas uns daß Feuer hier an."

於是翁曰唯<々> 漸徐行著接座上

ここに翁唯々といひて、漸く趣き徐に行き、座上に着接きぬ。

Koko ni okina oo to ihite, yafuyaku omomuki omofuru ni yuki, zashiyou ni tsukinu.

Da sprach der alte Mann: „Jawohl", wandte sich ihnen also zu, ging gemächlich hinüber und nahm zwischen ihnen Platz.

良久娘子等皆共含咲相推譲之曰 阿誰呼此翁哉尓乃竹取翁謝之曰 非慮之外偶逢神仙

良久にして、娘子等皆共に咲みを含み、相推譲りて曰く、阿誰かこの翁を呼びつると、すなはち竹取の翁謝まりて曰く、慮はざる外に、偶に神仙に逢ひぬ。

Yaya hisa ni shite, onagora mina tomo ni wemi wo fukumi, ahiyuzurite ihaku, tare ka kono okina wo yobitsuru to, sunahachi taketori no okina kashikomarite ihaku, omohazaru hoka ni, tamasaka ni jinsen ni ahinu.

Lange kicherten die Mädchen miteinander, bis endlich eines sagte: „Wer hat denn den alten Mann herbeigerufen?". Der alte Bambussammler erschrak und sprach: „Unerwartet bin ich heiligen Wesen begegnet."

迷惑之心無敢所禁

迷惑へる心、敢へて禁むる所無し。

Madoheru kokoro, ahete todomuru tokoro nashi.

Er befand sich in größter Verlegenheit.

近狎之罪希贖以歌

近づき狎れぬる罪は、希はくは贖ふに歌を以てせむと。

Chikazuki narenuru tsumiha, negahaku ha akafu ni uta wo mote semu to.

Von der Schuld, sich ihnen genähert zu haben, wollte er sich mit Liedern freikaufen.

即作歌一首[并短歌]

即ち作る歌二首 （井せて短歌）

Sunahachi tsukuru uta nishiu (ahasete tanka).

So verfaßte er [zwei [lange] Lieder (und dazu zwei kurze).

Im Jahr 2024 legen wir diese im Haupttext allein deutsche Fassung vor - damit alle etwas von diesem historischen Text haben, der traditionell den japanischen Schülern wie erwachsenen Lesern nur in einer um die Verliebtheit des Kaisers und viele andere Details gekürzten Fassung einer ganz und gar nicht jugendfreien spannenden Liebesfahrt mit tragischem Ausgang (Siegfried als kulturübergreifendes Phänomen!) vorgelegt wird. Die Einteilung in Kapitel und Unterabschnitte folgt dem japanischen Brauch und Forschungsstand. Die absatzweise Trennung der Einzelsätze erfolgt, damit in den zunehmend komplexen Konstruktionen des Originals nicht der Überblick verloren geht (im Deutschen gelegentlich im Satz getrennt; gern mehrmals lesen und langsam richtig eintauchen!). Die zahlreichen logo wissenschaftlichen Anmerkungen führen tiefer in die Text- und Wortbedeutungen und können bzw. sollen beim ersten Lesen ignoriert werden.

H. Arnold-Kanamori

EINLEITUNG

nach Bruno Lewin[4]

l. 竹 取 物 語 *Taketori-monogatari* [*TM*] „Erzählung vom Bambussammler" (ältere Titelformen: 竹取[の]翁[物語] *Taketori-(no-) okina (-monogatari)* „Erzählung vom alten Mann, dem Bambussammler"; かぐや姫の物語 *Kaguyahime-no-monogatari* „Erzählung von Kaguyahime" (umstrittene Nebenlesung mit Umlaut in der Kompositionsfuge: *takatori* - knüpft an den Namen eines Berges bei Nara an, 高 取 山 Takatoriyama, wobei als Bedeutungsträger das Homonym 鷹 *taka* ‚Falke' angenommen wird). Älteste erhaltene Erzählung aus der Gattung der Monogatari; ein Märchen in literarischer Fassung. Autor unbekannt; entstanden in der frühen bis mittleren Heian-Zeit. 2 Maki.

2. Hinsichtlich der Autorenschaft bestehen mehrere Hypothesen. Genannt werden Minamoto no Shitagô 源順 (911-983), Minamoto no Tôru 源融 (822-895) und Bischof Henjô 僧正遍昭 (816-890). Auch eine exakte Datierung ist nicht möglich. Auf Grund von genetischen und stilistischen Kriterien von Realienhinweisen im Text und der Erwähnung des Werkes in anderen Literaturdenkmälern der Heian-Zeit ist als Entstehungszeit des *TM* die zweite Hälfte des 9. Jhs. oder der Anfang des 10. Jhs. anzunehmen. Ob die Erzählung als Volksmärchen vorlag oder vom Verfasser aus Märchenmotiven komponiert worden ist (die Gestalt des alten Bambussammlers erscheint bereits im *Manyôshû*; siehe Einleitung zum Lang-Lied XV/3791)[5], bleibt ungewiß. Auch eine knappe, trockene Variante des *TM* im späteren *Konjaku-monogatari* (siehe Kap. 17) (31. Maki, Nr. 30) bringt keine Erhellung.

3. Märchen von der Mondfee Kaguyahime, die von einem alten Bambussammler als winziges Menschlein in einem Bambusstamm gefunden wird, im Hause des Alten binnen kurzem zu unvergleichlicher Schönheit heranwächst, doch alle Freier abweist; auch die fünf hartnäckigsten Bewerber, zwei Prinzen und drei hohe Würdenträger, scheitern an den ihnen gestellten übermenschlichen Aufgaben, von deren Lösung sie ihr Jawort abhängig macht. Sogar der Kaiser kann sie nicht für sich gewinnen. Nachdem sie sich als Mondfee zu erkennen gegeben hat, entschwebt sie dieser Welt, trotz aller Vorkehrungen. Neben einer Reihe in Japan

---

[4] Ich übernehme hier mit unwesentlichen Änderungen bzw. Ergänzungen den Text des höchstverehrten Bruno Lewin, *Japanische Chrestomathie von der Nara-Zeit bis zur Edo Zeit*, Wiesbaden 1965, S.82. ff.; die Anmerkungen stammen von HAK

[5] Vgl. die Vorbemerkung

verbreiteter Märchenmotive (Findelkind aus einer Pflanze, durch Aufgabenstellung erschwerte Brautwerbung, Rückgewinnung überirdischer Kräfte durch Anlegen eines himmlischen Federkleides) finden sich auch solche aus der weiteren orientalischen Märchenwelt, die auf chinesische Vermittlung oder Herkunft hinweisen (der wunderbare Zweig von der Insel der Seligen: Lieh-tzû; der Edelstein vom Haupt des Drachen: Chuang-tzû), im *TM* aber nur als Topoi fungieren, um eine humorvolle, realistisch anmutende Schilderung der Versuche der adeligen Freier zur Lösung der ihnen gestellten Aufgaben anzuknüpfen. Die kompositorische und stilistische Meisterung des Stoffes verleihen dem *TM* literarischen Rang und lassen erkennen, daß die japanische Erzählungsliteratur schon in der frühen Heian-Zeit eine gewisse Entwicklung genommen hatte.

4. Das *TM* erscheint in typischer Märchenform, gegeben durch den Satzrahmen *ima-wa mukashi...to-zo ii-tsutaeru* „es war einmal...so wird erzählt". Der Stil zeichnet sich durch schlichten Ausdruck, kurze und wenig hypotaktische Satzgefüge aus. Die Dialogform ist reichlich verwendet. Eingestreute Gedichte (Tanka) sind altertümlich und wenig künstlerisch. Der Wortschatz ist fast rein japanisch; Sinismen (hauptsächlich aus buddhistischem und taoistischem Sachbereich) finden sparsame Verwendung. In den überlieferten Texten herrscht die Kana-Schreibung vor, der Gebrauch der Kanji tritt zurück, wechselt aber erheblich in den Versionen.

5. Das *TM* ist in annähernd hundert Texten überliefert, von denen kaum welche auf die Muromachi-Zeit zurückgehen. Zwei Gruppen sind zu unterscheiden: *kohon* 古本 ‚alte Texte`' und 流布本 *rufubon* ‚populäre Texte'. Letztere liegen den alten Druckausgaben der Edo-Zeit zugrunde, so auch der besten kommentierten und kritischen Ausgabe dieser Epoche aus dem Jahre 1831 von Tanaka Taishû 田中体秀: Taketori-okina-monogatari-kai 竹取翁物語解. Die älteste bekannte Handschrift der Rufubon-Gruppe, das *Mutô-bon* 武藤本, stammt aus dem Jahre 1592.

6. Lange, R.: Taketori monogatari. Yokohama 1879.

Dickins, F. V.: Primitive and Medieval Japanese Texts. 2 Bde. Oxford 1906 (enthält Übers. d. *TM*).

Der Bambussammler, Märchen aus Altjapan. Übers. v. U. M. Shimada und F. W. Mohr. In: Nippon, l. Jg. Berlin 1935.

Sieffert, R.: Le Conte du Coupeur de Bambous. In: BMFJ, Nouv. Ser., Bd. 2 (1953).

Die Jungfrau vom geschmeidigen Bambus (Taketori-Monogatari). Nach der Übers., v. J. M. Schwarz-Okuno. Stuttgart 1953 (Reclam-Univ. Bibl.)

Keene D.: The Tale of the Bamboo Cutter. In: MN XI, 4 (1956)

N. u W. Naumann: Die Erzählung vom Bambussammler. In: Die Zauberschale. München 1973[6]

---

[6] Vgl. auch die ausführliche Bibliographie am Ende des Bandes

Taketori-Monogatari
DIE ERZÄHLUNG VOM BAMBUSSAMMLER

1. WIE KAGUYAHIME AUFWUCHS

1.1

Es ist jetzt schon lange her, [7] da gab es einen Mann, den man den alten Bambussammler nannte.

Stets war er dabei, durch Wildnis und Bergwald zu dringen und Bambus zu sammeln, den er zu tausenderlei Dingen verwendete.

Mit Namen hieß er Sanuki no Miyatsukomaro. [8]

Da gab es einmal mitten unter dem Bambus ein Bambusrohr, das an der Wurzel leuchtete.

Er wunderte sich und trat näher heran und sah, daß es im Innern des Rohres leuchtete.

Als er näher hinschaute, saß darin ein nur drei Zoll großes, wunderschönes Menschlein.

Da sprach der alte Mann: „Ich habe es entdeckt, weil es mitten in dem Bambus war, den ich Tag für Tag, vom Morgen bis zum Abend vor mir sehe. Es muß wohl ein Menschlein sein, das mir zum Kinde bestimmt ist", tat es in seine Hand und trug es nach Hause.

Dort vertraute er es seiner alten Frau an, damit sie es aufziehe.

---

[7] Standardphrase am Beginn japanischer Monogatari

[8] Sanuki no Miyatsukomaro; Sanuki: Familienname des Bambussammlers; andere Lesarten (auch als Falschlesungen angesehen): Saruki, Sakaki; der Vorname Miyatsukomaro häufig nur als Miyatsuko ist abgeleitet von der Berufsbezeichnung Miyakko: höfischer Dienstmann

Seine Schönheit war grenzenlos.

Da es so winzig klein war, legte die Frau es in einen Bambuskorb und zog es auf.

1.2

Seit der alte Bambussammler dieses Kind gefunden hatte, traf es sich immer häufiger, daß er beim Bambussammeln Bambus fand, in dessen Hohlräumen sich zwischen den Knoten Gold befand.

So wurde der alte Mann allmählich reicher und reicher.

Das Kind wuchs in der Pflege unglaublich rasch.

Kaum drei Monate alt, war es bereits zu einem richtig erwachsenen Menschen geworden, und so setzte man einen Tag für das Aufbinden der Haare[9] fest, und man ließ es die Haare teilen und aufbinden und legte ihm den Mädchenrock an.[10]

Auch ließ man es nicht mehr hinter den Vorhängen des Innengemaches heraustreten[11] und erzog es mit Liebe und Sorgfalt.

Die Gestalt dieses Kindes war so anmutig wie sonst nichts auf der Welt, ihr Leuchten erfüllte das Innere des Hauses, so daß es keinen dunklen Ort gab.

War der alte Mann einmal schlechter Laune oder fühlte er sich elend – sah er nur dieses Kind an, nahm die Bitternis ein Ende und sein Zorn legte sich.

---

[9] Initiationsfeier für 12 bis 13-jährige Mädchen, bei der die langen, bis dato herabhängenden Haare geteilt und aufgebunden werden, bzw. Person mit solch aufgebundenen Haaren; vgl. 1.3, die immerhin 3-tätige Feier zur Namensgebung: dies feierte man drei Tage lang

[10] Teil der Initiantionsfeier, bei dem eine ältere Respektsperson dem Mädchen den Rock um die Taille bindet

[11] bei einem im inneren Gebäudebereich gelegenen Raum wurde ein podestartig erhöhter Teil mittels Vorhängen allseitig bzw. mittels eines Vorhangständers einseitig abgeteilt

1.3

Noch lange ging der alte Mann dem Bambussammeln nach.

So wurde er zu einem reichen und angesehenen Mann.

Als das Kind nun herangewachsen war, rief man den Priester Imube no Akita aus Mimurodo,[12] daß er ihm einen Namen gebe.

Akita nannte es Nayotake no Kaguyahime, das heißt Leuchte-Prinzessin aus dem jungen Bambus.[13]

Da feierte man drei Tage lang bei Musik und Tanz.

Alle möglichen Tänze wurden aufgeführt.

Ohne Ansehen der Herkunft[14] wurden alle Männner zusammengerufen und man unterhielt sich glänzend.

2. DIE BRAUTWERBUNG

2.1

Männer aus aller Welt, hohe wie niedere, verliebten sich allein aufgrund ihres Rufes wie verrückt in Kaguyahime. Wie könnte man sie nur gewinnen, wie könnte man sie zu Gesicht bekommen!

Sie trafen einander, wie sie, statt nachts ruhig zu schlafen, in die finstere Nacht hinaustraten, am Zaun in der Nähe oder bei den Türen des Hauses herumirrten,

---

[12] Mimurodo ist ein Ortsname, Imube [auch In(m)be], ursprünglich ein Geschlechtername für Personen, die den Gottesdienst bei Hof versehen: etwa: Exorzist/Priester, Akita ein Vorname, also: der Priester Imube no Akita aus Mimurodo

[13] Leuchte-Prinzessin aus dem jungen Bambus; junger, biegsamer Bambus, d.h. die Prinzessin ist: geschmeidig wie junger Bambus; *kaguya* ist ein alter Begriff für : strahlen, leuchten, vgl. mod. *kagayaku*

[14] frei: ohne Unterschied, ohne Ansehen des Standes/derHerkunft (was sehr wichtig ist: wenn's um's Feiern geht, sind alle gleich: Freisake für jeden und keine moderne Cliquenwirtschaft); vgl. den Beginn von 2: reich und arm etc.

Löcher hineinbohrten und verstohlen nach der Ausschau hielten, die doch selbst von den Leuten aus der Nachbarschaft schwerlich zu erblicken war.

Seit dieser Zeit nennt man das Werben *yobai* (was soviel bedeutet wie „nächtliches Herumkriechen").[15]

Sie liefen bis an Orte, auf die kein Mensch kommen wüde, aber es sah nicht so aus, als hätten sie irgendeinen Erfolg.

Sie sprachen Bewohner des Hauses an, in der Hoffnung, diese möchten irgendetwas sagen, aber keiner scherte sich um sie.

Viele junge adelige Herren gab es, die nicht von der Stelle wichen, Tag und Nacht.

Denjenigen aber, die es nicht so ernst meinten, wurde das aussichtslose Herumlaufen bald zu dumm und sie blieben aus.

2.2

Diejenigen unter ihnen, die weiterhin vorsprachen – fünf Männer, die im Rufe standen, auf Liebesabenteuer aus zu sein –, kamen bei Tag und bei Nacht, ohne ihr Liebessehnen auch nur einen Augenblick aufzugeben.

Die Namen der Fünf waren: Prinz Ishizukuri, Prinz Kuramochi,[16] Kanzler zur Rechten Abe no Mimuraji, Oberkabinettsrat Ôtomo no Miyuki und Mittlerer Kabinettsrat Isonokami no Marotari.[17]

Weil sie Männer waren, die allein dann schon sehen mußten, wenn sie hörten, daß unter den Vielen dieser Welt gerade nur eine einigermaßen wohlgestalet sei, wollten sie auch Kaguyahime erblicken; sie aßen nichts, dachten unentwegt an sie,

---

[15] allgemein für: einer Frau einen Heiratsantrag machen, hier als Witz wörtlich genommen: krabbeln: des Nachts (in der Nähe der Behausung der Angebeteten) herumkriechen/schleichen
[16] Prinz Ishizukuri, Prinz Kuramochi; Imitation adeliger Personennamen der Nara-Zeit
[17] Kanzler zur Rechten Abe no Mimuraji, Oberkabinettsrat Ôtomo no Miyuki und Mittlerer Kabinettsrat Isonokami no Marotari; Verwendung der Namen dreier am Hofe des Mommu-Tennô (reg. 697-707) real existierender Personen

gingen zu jenem Haus und schlenderten dort müßig herum – aber das scheint ihnen auch nicht genützt zu haben.

Sie schrieben Briefe und schickten sie hin, aber Kaguyahime gab keine Antwort. Sie schrieben klagende Liebeslieder und sandten sie hin, doch [das Antwortlied blieb aus]; und obwohl sie sich denken konnten, daß es nutzlos sei, kamen sie, ohne sich vom Regen und Frost des Winters, von der Hitze und dem Gewittergrollen des Sommers abhalten zu lassen.

Einmal riefen die Männer den alten Bambussammler heraus, warfen sich nieder, rieben bittend die Händflächen aneinander[18] und sagten: „Gib uns deine Tochter!“, doch er sprach: „Sie ist nicht mein leibliches Kind, deshalb[19] fügt sie sich nicht meinem Willen“, und die Zeit verstrich.

So kehrten die Männer wieder nach Hause zurück, wo sie weiter ihren Gedanken nachhingen, Gebete verrichteten und Gelübde ablegten.

Ihr Liebessehnen gaben sie jedoch keineswegs auf.

Sie dachten: Trotzdem – er wird sie schließlich doch mit jemandem verheiraten; darauf setzten sie ihre Hoffnung.

Und so trieben sie sich erst recht weiter in der Nähe des Hauses herum und taten ihre Absicht kund.[20]

2.3

Der alte Mann bemerkte dies, und sagte nun zu Kaguyahime: „Prinzesschen, zwar bist du ein wundersames Wesen, das die menschliche Gestalt nur angenommen hat, dennoch war unsere Absicht, dich aufzuziehen, bis du groß bist, sehr ernst gemeint. Hörst du wohl, was Großvater dir nun zu sagen hat?“

---

[18] warfen sich nieder, legten bittend die Handflächen aneinander; die (erhobenen – übrigens abgestützt auf den Ellenbogen, da sie ja liegen –) Handflächen reibend aneinanderlegen, Gebärde des Bittens
[19] daher (= da die Prinzessin nun einmal/partout nicht heiraten wollte)
[20] sie trieben sich (ergänze: in der Nähe des Hauses) herum und taten ihre Absicht kund; wörtlicher: so herumlaufen, daß jeder sehen konnte, was sie wollten

Da antwortete Kaguyahime: „Wie sollte ich denn nicht auf das hören, was du sagen willst, was es auch immer sei? Für mich bist du doch mein Vater, ich weiß nichts davon, daß ich ein wundersames Wesen sein soll."

„Schön, was du mir da sagst", meinte der alte Mann, „Ich bin nun schon über siebzig Jahre.[21] Heute oder morgen kann es soweit sein. Für uns Menschen dieser Welt[22] gilt, daß der Mann sich einer Frau vereint und die Frau sich einem Mann vereint. Daraufhin entfaltet sich eine Familie. Wie könntest du darauf verzichten?" Da Kaguyahime antwortete: „Warum sollte ich aber so etwas tun?" – sprach er:...

... „Bist du auch ein wundersames Wesen in Menschengestalt,[23] so besitzt du doch den Körper einer Frau. Solange ich alter Mann da bin, kannst du dein Leben ja so unverheiratet zubringen. Bedenke aber aber bitte, was diese Männer sagen, die schon so lange bei jedem Wetter vor unserem Haus zubringen,[24] und nimm einen von ihnen."[25]

Kaguyahime aber sagte: "Ich bin nicht schön und kenne ihre Absichten nicht. Nachher wird er mir untreu und dann werde ich es bestimmt bereuen. Es sind zweifellos edle Herren, aber solange ich nicht weiß, wie ernstgemeint ihre Absichten sind, fällt es mir schwer, mich mit einem zu vermählen."

Der alte Mann sprach: „Du sagst genau, was auch ich denke. Wie sollen aber die Gefühle desjenigen sein, dem du dich verbinden möchtest? Es sind, denke ich, alles Männer mit ernstgemeinten Absichten."

---

[21] ich bin nun schon über siebzig; in 9.3 heißt es allerdings: Der alte Mann war gerade fünfzig Jahre alt

[22] die Menschen dieser Welt; im Unterschied zu der: Erscheinung, die nicht von dieser Welt ist

[23] ehrerbietige Bezeichnung für ein überirdisches Wesen (eine Erscheinung), das sich in Menschengestalt zeigt (Naumann: wundersames Wesen, das die menschliche Gestalt nur angenommen hat)

[24] die Männer, die schon so lange Zeit (vor unserem Haus) zu bringen; jahrelang stehen unsere Don Juans (Tom Jones nahm sich N. B. den heißen Namen auch daher) noch nicht vor der Hütte - bei Regen, Taifun und Sonnenschein

[25] die Stelle ist umstritten: a) triff jeden einzelnen (der fünf), b) heirate = nimm einen von ihnen (so funktionieren „Heiratstreffen" auch heute: triff jeden – nimm einen; nämlich den, der am meisten Geld hat)

Kaguyahime sagte: „Ich will dir sagen, wieviel Gefühlstiefe ich erwarte: ein kleines bißchen. Ihre Absichten sind ja anscheinend alle gleich ernst. Ich will aber irgendwie herausfinden, wer von ihnen mehr und wer weniger empfindet. Sage also den fünf Männern da draußen, ich werde demjenigen unter ihnen dienen, dessen Empfindungen sich dadurch auszeichnen, daß er mir zeigen kann, was mein Herz begehrt."

„Ausgezeichnet!", stimmte der alte Mann zu.

2.4

Bei Anbruch der Dunkelheit standen sie wieder da.

Der eine blies auf der Flöte, der andere sang ein Lied, einer stimmte eine Instrumentenmelodie an, der nächste pfiff und der letzte schlug mit dem Fächer den Takt dazu,[26] worauf der alte Mann heraustrat und sprach:

"Es ist mir eine außerordentliche Ehre, daß Ihr so lange Zeit hindurch immer an diesen bescheidenen Ort kommt. Ich habe ihr natürlich gesagt: ‚Ich alter Mann weiß nicht, was heute oder morgen wird. Bedenke, wie die Herren sprechen, und diene einem von ihnen.' Sie aber wies mich zurück mit den Worten:

‚Da ihre Absichten unterschiedslos ernst scheinen, muß ich erst deren wahres Ausmaß feststellen. Dann will ich meine Entscheidung treffen und einem von ihnen zu Diensten stehen.' Das schien mir eine guter Gedanke. Das wird ihr auch niemand übelnehmen!"

Da auch die fünf Männer die Idee ausgezeichnet fanden, ging der Bambussammler wieder hinein und unterrichtete Kaguyahime davon.

---

[26] mit dem Fächer in die Handfläche etc. (den Takt zur Musik) schlagen; obige Szene ist übrigens zu sehen in der großartigen Schlußszene von „Donzoko" (1957), Kurosawa Akiras Adaption von Gorkis: „Nachtasyl"

2.5.

Kaguyahime sprach: „Sage dem Prinzen Ishizukuri: Es gibt die sogenannte Steinschale Buddhas.[27] Die soll er mir besorgen.

Dem Prinzen Kuramochi sage: Im Ostmeer gibt es doch den paradiesischen Berg Hôrai.[28]

Dort steht ein Baum mit Wurzeln aus Silber, einem Stamm aus Gold und weißen Edelsteinen als Früchten.[29]

Von diesem Baum möge er einen Zweig für mich brechen.

Dem Nächsten sage, er bringe mir das Kleid aus dem Fell der chinesischen Feuerratte.[30]

---

[27] die (sogenannte) Steinschale des Buddha = Buddhas Stein(eß)schale; unten 3.1 heißt es: die einmalige Steinschale; die vier Himmelskönige überreichten Buddha (Shakamuni) jeweils eine blaue Steinschale, von denen er eine bis zu seinem Lebensende in Gebrauch hatte

[28] der (ergänze: paradiesische) Berg Hôrai; in der buddhistischen Vorstellung im außerhalb der profanen Welt befindlichen Ostmeer angesiedeltes Elysium

[29] mit weißen Edelsteinen (Perlen) als Früchten; wörtl.: weißer Edelstein, wie im *Manyôshû* jedoch auch alte Bezeichnung für: Perlen (man beachte, daß den Japanern des glücklicheren Altertums jeder ausgefallen bunte Stein als *tama* „Edelstein" galt); vgl. den Abschnitt 4.: der Edelsteinzweig vom Berg Hôrai, sowie 4.2: die Wunderblume Udumbara

[30] in China befindliches/chinesisches (Stoff)kleid aus dem Fell der Feuerratte; aber nicht die Ratte ist aus China, sondern der feuerfeste Sonderstoff; vgl. 5.2: seine Nichtbrennbarkeit; bzw. Feuerfestigkeit

Exkurs über - Fellkleid versus Wollkleid:
Kahaginu (wörtl.: Fell/Leder + Stoff) der chinesischen Vorstellungswelt entnommener, eigentlich aus dem Fell der mythischen Feuermaus/ratte *gewobener Stoff*, der nicht verbrennt, sondern gefestigt und gereinigt wird, wenn man ihn ins Feuer hält; also ein *Wollstoff*; dementsprechend darf man auch von einem (feuerfesten) *Wollkleid* sprechen oder dem *Feuerrattenkleid*; Naumanns: *Pelz, Pelzgewand, Pelzkleid* wäre demnach schön nicht korrekt (man denke trotzdem an das antike Goldene Flies, nach heutiger Erkenntnis das kostbare Fell einer im Kaukasus ansässigen, nun ausgestorbenen gelbzotteligen Wisentart); zum Beweis zitiere ich die entsprechende vertrauenswürdig ausführliche Stelle aus *Kôjien*, 1976, S. 1883: „aus der Wolle des Fells/Pelzes der Feuerratte gewobener Stoff…; erwähnt im *Taketorimonogatari*." Bestehen bleibt die Schwierigkeit der grundsätzlichen Doppelbedeutung von *kinu* a) (Seiden)stoff, b) Kleid sowie die Frage, ob die chinesische Fabel beim Transport verändert wurde, bzw. ob die klassischen Japaner in diesem Sinne *kahaginu* eben mißverstanden: als *nezumi no kaha* Rattenfell; dann hätte *Daijirin*, 1990, 2084, recht (der aber die genauere Darstellung vermissen läßt und somit versimpelt und wenig zuverlässig erscheint) : aus dem Fell/Pelz der Feuerratte erstelltes Kleid, also ein *Pelzkleid*. Um abzuschließen heißt es nun aber in 5.2 ganz eindeutig:
    Als er das Fellkleid betrachtete, war es von kobaltblauer Farbe.
    An den Spitzen der Haare funkelte es golden...
Ebenso 5.3:
    Was für ein herrliches Fell!
Also doch ein *Fellkleid*. - Fragen Sie doch einfach Ihren Kürschner!

Oberkabinettsrat Ôtomo bringe mir den in allen fünf Farben schillernden Edelstein vom Hals des Himmelsdrachens.[31]

Und der Mittlere Kabinettsrat möge mir die Koyasu-Muschel der Schwalbe [32] bringen (, die die Sinnlichkeit steigert).

Darauf antwortete der alte Mann: „Das sind aber wirklich schwer zu besorgende Dinge! Keines davon gibt es hierzulande.[33]

Wie soll ich ihnen denn so etwas beibringen!"

Weil Kaguyahime aber sagte: „Was ist daran denn so schwer?", meinte der alte Mann: „Nun, dann werde ich es wohl sagen müssen" und ging hinaus und sagte: „Das und das wünscht sich die Prinzessin. Weist ihr vor, was ich euch mitteilte!"; als die Prinzen und die Würdenträger[34] dies vernahmen, sprachen sie: „Warum sagt sie denn nicht gleich, daß wir uns hier nicht länger blicken lassen sollen!", und kehrten niedergeschlagen heim.

---

[31] in allen fünf Farben schillernden Edelstein vom Hals des Drachens; vgl. auch 6; in den neunfachen Abgründen lebt ein Drache, an dessen (eigentlich: Kinn, Kiefer; frei:) Hals sich ein unendlich kostbarer Edelstein befinden soll; alte Begebenheit aus dem chinesischen taoistischen Klassiker *Zhuangzi* (Jap.: *Sôji*, auch *Sôshi*) von Zuang Zhou (um vor 370-300); wir haben es mit derselben Wandlung wie bei dem „Kleid aus dem Fell der Feuerratte", das im chinesischen Original Wollstoff ist (siehe unten); die fünf Farben sind noch: blau, rot, gelb, schwarz und weiß

[32] die Koyasu-Muschel der Schwalbe; diese zu den Kauri-Muscheln zählende Art gilt im Volksglauben als Amulett für leichtes Gebären (*ko* Kind *yasu* leicht; leichte = glatte Geburt) (unges.: Assoziation der eiförmigen Gestalt der Muschel mit dem weiblichen Geschlechtsteil?): wenn die Wehen einsetzen, muß die Frau die Muschel fest in der Faust halten und den Atem pressen; *NKBT* 9, 33, bemerkt: die Beziehung zur Schwalbe ist unklar; aus dem folgenden Text ergibt sich, daß sie sich im Bauch der Schwalbe befindet und von dieser geboren werden muß; Mitani, 1964: 35, weist darauf hin, daß „Schwalbe und Muschel eine mystische Kraft in Bezug auf den Zeugungsakt" zugesprochen wird und sie in dieser Symbolik gemeinsam auftauchen. Somit wäre auch auf den männlichen Aspekt erotisch angespielt und es scheint mir günstiger von: *Koyasu-Muschel der Schwalbe* zu sprechen, um diesen erotisch-mystischen Aspekt zu bewahren; Naumann: Muschel für leichtes Gebären; beachte noch die alte Bezeichnung für Schwalbe: *Tsubakurame*, etwa: Spucke(nest)bauerin, und vgl. ansonsten unten die gleichnamige Nr. 7: die Koyasu-Muschel der Schwalbe

[33] das sind (doch alles) Dinge, die es nicht in diesem Land (mod. = Japan) gibt; frei modernisiert: alles Sachen vom Mond; schönes Wortspiel: nicht von diesem Land, egal ob China oder Elysium = wie auf dem Mond

[34] Würdenträger vom 3. (bzw. auch vom 4. Hofrang, wenn es sich um einen Berater *sangi* handelt) an aufwärts; vgl. Nr. 10, wo Naumann (in Anlehnung an *sangi*) mit Kanzler überträgt

3. DIE STEINSCHALE DES BUDDHA

(Die Geschichte des Prinzen Ishizukuri)

Da nun Prinz Ishizukuri meinte, ohne den Anblick dieser Frau nicht existieren zu können, sann er hin und her, ob er nicht vielleicht doch jenes Ding aus Indien herbeiholen solle, weil er aber ein berechnender Mensch[35] war, dachte er sich: „Wie könnte ich wohl, selbst wenn ich tausend Millionen[36] Meilen ginge, eine Schale in die Hand bekommen, die nur einmal in Indien existiert!“; ...

...und so ließ er Kaguyahime ausrichten, er reise heute nach Indien ab, um die steinerne Schale zu holen;...

...nach etwa drei Jahren jedoch nahm er eine von Räucherstäbchen ganz rußgeschwärzte Opferschale, die vor der Figur des heiligen Binzuru[37] in einem Bergtempel im Distrikt Tôchi in der Provinz Yamato[38] stand,...

...steckte sie in einen Brokatsack, befestigte diesen an einem Zweig mit künstlichen Blumen [39] und brachte ihn ins Haus der Kaguyahime; als die Prinzessin zweifelnd die Schale anschaute, lag darin ein Brief.

---

[35] a) jemand war, der genau überlegte, was er tat; b) durchaus ein berechnender Mann war; der Prinz ist doch ein (eben: zu kurz!) berechnender Schweinehund, der „sich was dachte“ und die Prinzessin reinzulegen versucht; vgl. 9.4: vorbereitet (mich im Kampf) zu verteidigen

[36] nach dem chinesischen Zahlsystem: $100 \cdot 1000 \cdot 10.000 = 100.000.0000 = 1$ Mrd.

[37] (Heiligenfigur des) Binzuru; erster der sechzehn Jünger (*Rakan* von Sanskrit: *Arhan*) Buddhas

[38] Distrikt Tôchi in der Provinz Yamato; beim Kagu-Berg in Nara, heute: Nara-ken, Isogi-gun, Kaguyama

[39] im Altertum war es üblich, ein Geschenk an einen Adeligen an einem Blütenzweig oder einem Zweig mit künstlichen (Papier-, Stoff- etc.) Blumen zu befestigen

Sie breitete ihn aus und las:...

Am Ende war mein Herz / nach der weiten Reise / zu Wasser und zu Lande / und bittere Tränen flossen / in die steinerne Schale[40]

Als Kaguyahime nachsah, ob die Schale denn auch leuchte,[41] gab es nicht einmal ein Leuchten von der Intensität eines Glühwürmchens![42]

Sie schickte die Schale hinaus mit einem Antwortlied:

Wenigstens ein Leuchten / von der Stärke eines Tautropfens / sollte ihr innewohnen / was dachtest du denn zu finden / im finsteren Berg Ogura[43]

Der Prinz stellte die Schale mit einem Antwortlied darin wieder vor das Tor:[44]

Vielleicht verblasst sie neben dir / wie der dunkle Berg / neben dem strahlend weißen[45] */ beschämt werfe ich die Schale fort*[46] */ doch bleibt mir die Hoffnung*

---

[40] bittere Tränen flossen in die steinerne Schale (Buddhas); (über den ganzen Aufwand, den unser netter Herr sich ja gespart hat); unübersetzbares Wortspiel mit zwei *Kakekotoba* (Wort bzw. Wortbestandteil mit Doppelbedeutung), dem man nur mit Tucholsky oder Ringelnatz beikommt: 1. a) Lauterleichterung von *nakishi* ich *weinte* den ganzen langen Weg , b) *ishi no hachi* die steinerne *Schale*; ebenso 2. *chi* in *hachi*: a) die steinerne *Schale*, b) bittere *Tränen*

[41] wie man es von der wundersamen Schale Buddhas erwarten kann, die ein mythisches blaues Licht umgeben soll; vgl. Béla Balázs/Leni Riefenstahl: *Das Blaue Licht*, 1932; Berge tun's auch

[42] gab es nicht einmal ein Leuchten von der Intensität 1 G! (= eines Glühwürmchens); technisch geht's besser: 1 G = 1 Glühwurm (Lichtstärkemaß), mod. 1 N (Neon)

[43] aber was dachtest du denn zu finden im finsteren Berg Ogura? (die Prinzessin durchschaut den Betrug:) doppeldeutiges *Kakekotoba* Ogurayama: a) Eigenname einer Bergkette bei Nara; im Kuni Yamato, Distrikt Isogi, Kurahashiyama findet sich ein Ogurayama-Tempel, auf den die Prinzessin hier anspielen könnte; b) *gura* = *kurai yama* dunkeler, finsterer Berg (= Wald)

[44] wörtl.: Prinz Ishizukuri warf die Schale vor dem Tor (der Kaguyahime) fort = stellte sie ihr (zornig darüber, daß er abgeblitzt war) wieder vor die Tür

[45] weißer = leuchtender Berg (im Kuni Kaga), Metapher für die (leuchtende) Prinzessin

[46] a) auch wenn ich die Schale fortwerfe, bleibt mir... b) beschämt werfe ich die Schale fort, doch bleibt mir die Hoffnung (daß die Schale strahlen = meine Liebe doch noch etc.); Unterstollen 7:7; Kakekotoba *hachi* a) die Schale, b) geschickte Uminterpretation durch Annahme von Trübungszeichen in *haji* (= Scham): das eigene schändliche Verhalten (frech) übersehen: auch wenn ich frech war, so bleibt mir etc.

Da sie ihm kein Gehör schenkte, fiel ihm nichts mehr zum Sagen ein und er ging heim.

Seit jener Zeit, als der Prinz die Schale wegwarf und es trotzdem weiter versuchte, sagt man, wenn einer aus Unverschämtheit vor den Leuten sein Gesicht verliert,[47] „er wirft die Schale weg" (denn *hachi* bedeutet sowohl Schale als auch Schande).

4. DER EDELSTEINZWEIG VOM BERG HÔRAI[48]

(Die Geschichte des Prinzen Kuramochi)

4.1

Prinz Kuramochi, ein listiger Mann,[49] bat bei Hofe um Urlaub, da er nach Tsukushi[50] gehen wolle, um in den heißen Quellen zu baden;[51] im Hause der Kaguyahime ließ er ausrichten, er mache sich auf, den Edelsteinzweig[52] zu holen, und so geleiteten ihn alle seine Gefolgsleute bis zum Hafen von Naniwa.[53]

Dort meinte der Prinz nun: „Alles soll in größter Heimlichkeit geschehen" und nahm nur einige wenige eng vertraute Männer mit aufs Schiff.

---

[47] unverschämtes Verhalten; wörtl.: seine Schande nicht als solche ansehen = frech unverschämt; dies die Bedeutung von: sein Gesicht verlieren, weshalb sich der Altjapaner ja auch in peinlichen Situationen sein Gesicht wahrte, indem er sich z. B. hinter dem Kimonoärmel versteckte (der modernere hinterm Fächer, der Jetztgenosse hinterm Smartphone etc. pp); vgl. die Schilderung in *Makuranosôshi*, Nr. 82.1:
  ...Der Erzkämmerer versteckte sein Gesicht hinter dem Ärmel seines Kimono und vermied es, mich anzusehen, deshalb sagte ich auch nichts und ging vorbei...; vgl. Arnold-Kanamori, *Die Kopfkissenhefte* etc., Hamburg 2000, S. 127. ff.)
[48] Der Edelsteinzweig vom Berg Hôrai; vgl. Anmerkungen 2.5
[49] Das Japanische *hito* im Kontext zu übersetzen als: Mann, Frau, Mensch usw., nicht mechanisch als neodeutsches: Leut(e)
[50] alter Name für Kyûshû, umfaßt die beiden Kuni Chikuzen und Chikugo
[51] (ich) begebe mich nach Kyushû in einen Badekurort; sich mit Wasser übergießen = ein Bad nehmen; ein bekannter Badekurort (mit heißen Quellen) jener Zeit war Sugita no Onsen
[52] s.o.: ein Baum mit weißen Edelsteinen (Perlen?) als Früchten
[53] bis (zum Hafen) Naniwa begleiten; Naniwa heute Ôsaka

Das Gefolge schaute ihm nach, bis er nicht mehr zu sehen war,[54] und kehrte dann in die Hauptstadt zurück.

Den Leuten mußte es so scheinen, als sei er nach Tsukishi abgefahren, doch nach drei Tagen ruderte er wieder zurück.[55]

4.2

Wie er alles im Voraus arrangiert hatte, waren sechs der besten Schmiedemeister[56] herbeigeholt worden, man errichtete ihnen ein eigenes Haus, dem sich niemand so leicht nähern konnte, zusätzlich war der Schmelzofen mit einer dreifachen Umzäunung[57] versehen.

Hier brachte man die Handwerker unter, und auch der Prinz zog sich an diesen Ort zurück und ließ die Vorsteher der ihm unterstellten 16 Landgüter die Lagerhäuser öffnen[58] und alles Metall herausgeben, mit dem die Schmiede den Edelsteinzweig anfertigten.

Sie machten ihn genau so, wie Kaguyahime gesagt hatte.

Der Prinz hatte alles höchst geschickt eingefädelt und begab sich nun heimlich mit dem Zweig zum Hafen von Naniwa.

---

[54] schaute ihm nach (ergänze: bis das Boot nicht mehr zu sehen, weil hinter der Landzunge verschwunden war)

[55] ruderte (= kehrte) jedoch nach drei Tagen wieder zurück = kehrte das Boot zurück, er ließ natürlich rudern; mit *rudern* erfolgt hier der erste Hinweis auf ein (Ruder)boot, aus dem Kontext war dem Japaner klar, daß der Prinz per Schiff übers Meer muß, anders gings nämlich nicht (glückliches Altes Japan; Jesus allerdings *lief* solche Strecken); entsprechend auch die obige Ergänzung: Hafen von Naniwa

[56] sechs der besten/berühmtesten angesehensten (Gold-, Silber- etc.) Schmiedemeister; als Schätze geltende = die besten (vgl. den modernen Titel: „Menschenstaatsschatz" für hervorragende Künstler etc.); (Kunst)Schmiede, im Kontext: Goldschmiede

[57] man umschloß den (Schmelz)ofen dreifach (damit er nicht zu sehen war); Herd hier: Schmelzofen, Ofen zum Schmelzen von Gold und Silber

[58] er ließ die Verwalter der ihm unterstehenden Güter ihre Lagerhäuser öffnen (und alles Gold/Edelmetall herausgeben); diese in allen Quellentexten übereinstimmende Stelle ist ungesichert; gängige Interpretation: Verwalter eines feudalen Landgutes, Shôen; Lagerhaus für Zahlungsmittel, hier: Edelmetalle, Gold (für die Goldschmiede)

Seinem Palast ließ er die Nachricht zustellen, er sei „soeben mit dem Schiff angekommen", und tat, als sei er von der Reise sehr mitgenommen.

Viele Menschen versammelten sich zu seiner Begrüßung.

Den Edelsteinzweig legte er in einen länglichen Kasten,[59] bedeckte ihn mit einem Tuch[60] und nahm ihn mit.

Irgendwann mußte man davon gehört haben, denn es ging das Gerücht, Prinz Kuramochi habe die Wunderblume Udumbara[61] in die Hauptstadt mitgebracht.

Das hörte Kaguyahime, und sie erschrak bei dem Gedanken, daß sie dem Prinzen unterlegen sein sollte.

4.3

Da nun klopfte es ans Tor, und die Gefolgsleute meldeten: „Prinz Kuramochi ist da."

Sie sagten, er „komme in Reisekleidern", und so trat ihm der alte Mann entgegen.

Der Prinz sprach: "Unter Einsatz meines Lebens habe ich diesen Edelsteinzweig hergebracht, zeigt ihn der Prinzessin." Da trug ihn der alte Mann ins Haus.

An dem Zweig nun war ein Brief befestigt:

---

[59] länglicher Kasten, üblich für Geschenke, vgl. 7.3: (sechsfüßiger) chinesischer Kasten: es gab nun nichts mehr in den chinesischen Kasten zu legen.

[60] und bedeckte ihn (a: den Zweig, b: den Kasten) (ergänze: mit einer Leinwand); wohl: Wachsleinwand etc.; grammatisch kann auch der Kasten bedeckt werden, b: ...in einen Kasten, bedeckte diesen und...; absichtlich vages: *ihn* in der obigen Übertragung: legte ihn (Zweig) in einen länglichen Kasten, bedeckte *ihn* (Zweig/Kasten) ...und nahm *ihn* (Zweig/Kasten) mit; (bedenke: das Leben ist ein Lottospiel!)

[61] die (wunderblume) Blume Udumbara; Art Feigenbaum, *Ficus racemosa*; Sanskrit, Japanisch als *zuiôka*, buddhistischer mythischer Baum mit Früchten, aber ohne Blüten, der nur einmal in dreitausend Jahren blüht, was mit dem Erscheinen des Weltenherrschers Konrinnô [Putin?] auf dieser Welt zusammentrifft

Und hätte ich sinnlos / sterben müssen / niemals wäre ich zurückgekehrt / ohne den Edelsteinweig / zu brechen

Als die Prinzessin Zweig und Brief gerade desinteressiert[62] betrachtete, kam der alte Bambussammler zu ihr hereingelaufen und sagte: „Der Prinz hat dir den Edelsteinzweig gebracht, so wie du ihn bestellt[63] hast. Was kannst du nun noch einwenden? ...

Im Reisegewand ist er gekommen, ohne vorher sein eigenes Haus aufzusuchen. Also verbinde dich schon mit diesem Prinzen!" Die Prinzessin aber stützte wortlos das Gesicht in die Hände[64] und fühlte sich sehr elend.

Da kletterte der Prinz schon langsam auf die Veranda[65] mit den Worten: „Was kann sie nun schon noch einwenden."

Der Großvater fand das ganz richtig[66] und meinte:

„Dies ist ein Edelsteinzweig, wie es ihn hierzulande nicht gibt. Wie könntest du diesmal noch nein sagen! Und er ist ein vornehmer Mann."

Kaguyahime sagte: „Es tat mir leid, immer wieder die Heirat abzulehnen, von der meine Eltern sprachen, deshalb wünschte ich absichtlich schwer zu beschaffende Dinge." Sie war bestürzt und wütend, daß der Prinz den Zweig herbeigeschafft hatte, doch der alte Mann traf bereits Vorkehrungen im Schlafgemach.

---

[62] als (die Prinzessin,) a) desinteressiert b) tief bewegt (von der Schönheit des Zweiges und dem Brief) diese anschaute; das *adv. ahare* bezeichnet Gemütsbewegung + *de*; *NKBT* 9, 36: a) (Negation): ohne innere Bewegung = kalt, desinteressiert anschauen; eine andere Interpretation der Stelle bietet Mitani, 1964, 47: b) ohne Nigorierung (Trübung): *te* tief beeindruckt betrachtete; die Prinzessin ist aber insgesamt: uninteressiert an dem Typ wie seinen Mitbringseln, sonst müßte sie hier umschalten; im Kontext also Interpretation a)

[63] ohne einen Fehl/Makel = wie bestellt

[64] das Gesicht in die Hände stützen; Ausdruck von Kummer

[65] da kletterte er schon langsam auf die Veranda; steht hier für: langsame Bewegung (der schleicht sich an!); Naumann hat mit: Galerie in der ursprünglichen Wortbedeutung (galeria: Säulenumgang) recht, meist handelt es sich jedoch um balkonartige, hochgelegene Umgänge; unser Held steigt nur auf 1,20 m – gestützt vom Gefolge, Zielposition: Schlafgemach

[66] Opa fand das nur richtig (bezogen auf die Aussage des Prinzen); frei und witzig: ganz normal (bezogen auf die Kletterpartie)

4.4

Der alte Mann sagte zum Prinzen: „An was für einem Ort wuchs wohl solch ein seltsam, wunderschöner, herrlicher Baum?"

Der Prinz antwortete: „Vorvorletztes Jahr, um den zehnten Tag des Zweiten Monats, habe ich mich in Naniwa eingeschifft und wir sind in See gestochen, ich wußte wohl, das ich nicht einmal die Richtung kannte, die wir einzuschlagen hatten, doch dachte ich: was habe ich in dieser Welt noch zu suchen, wenn meine Wünsche nicht in Erfüllung gehen, und so überließ ich mich den ungewissen Winden.

Sollte ich umkommen – nun gut, solange ich aber lebte, wollte ich so weiterfahren, und während wir uns fragten, ob wir je auf den sogenannten Berg Hôrai stoßen würden, trieben wir rudernd auf dem Meer dahin, entfernten uns von der Heimat, einmal schien es, als ob die Wellen uns auf den Grund des Meeres brächten, dann wieder wurden wir von den Winden zu fremden Ländern verschlagen, wo teufelsgleiche Wesen uns umbringen wollten.

Einmal wußten wir nicht mehr, woher wir gekommen waren und wohin wir fuhren, und hätten uns fast auf dem Meer verloren.

Einmal mußten wir uns von Wurzeln ernähren, da der Vorrat an gedörrtem Reisbrei aufgebraucht war.

Einmal kamen unbeschreiblich schreckliche Wesen und wollten uns verschlingen.

Einmal sammelten wir Meeresmuscheln, um uns damit am Leben zu halten.

An Orten, wo uns auf unserer Reise keine Menschenseele hätte Hilfe bringen können, befielen uns verschiedene Krankheiten, und wir hatten keinen Anhaltspunkt, wohin wir fuhren, als wir am fünfhundertsten Tag gegen acht Uhr Morgens undeutlich einen Berg wahrnahmen.

Alle auf dem Boot versuchten, etwas zu erkennen.

Der im Meer schwimmende Berg war sehr groß.

Er war hoch und schön von Gestalt.[67]

Ich dachte, das könnte der Berg sein, den ich suchte, war aber nun erst recht in Sorge; wir umruderten den Berg, zwei, drei Tage lang und schauten ihn uns an, da trat eine Frau, angetan wie eine Himmelsfee, aus dem Berg hervor, sie hielt eine silberne Schale und ging Wasser schöpfen;...

...Ich sah dies, stieg aus dem Boot und fragte sie: „Wie heißt dieser Berg?"

Die Frau antwortete: „Dies ist der Berg Hôrai."

Als ich das hörte, kannte meine Freude keine Grenzen.

Ich fragte nun die Frau: „Und wie heißt diejenige, die mir das sagt?"

Sie antwortete: „Mein Name ist Hôkanruri",[68] und war im Berg verschwunden.

4.5

Ich betrachtete mir nun den Berg und stellte fest, daß er nicht zu besteigen war.

Als ich um den flachen Fuß[69] des Berges herumging, standen dort Blütenbäume, wie es sie nirgends in der Welt gibt.

---

[67] der Berg ist sehr hoch und schön; das Orginal ist im Präsens gehalten, wie alle Märchenliteratur dramatische Zeitwechsel kennt; beachte den Abschluß im Präteritum: sie verschwand im Berg
[68] ich heiße Hôkanruri; es scheint sich um einen frei erfundenen Namen zu handeln, Verschriftungen in
houkanruri
eindrucksvollen chin. Schriftzeichen, z.B.: 宝漢瑠璃 (Schriftbild: edler chinesischer Smaragd); Varianten: *Ukanruri, Korannari*

Goldene, silberne, smaragdgrüne[70] Wasser strömten aus dem Berg hervor.

Brücken aus verschiedenfarbigen edlen Steinen überspannten sie.

In ihrer Nähe standen strahlend leuchtende Bäume.

Der Blütenzweig, den ich hier mitgebracht habe, ist dabei nicht der Schönste, aber er sollte ja genauso sein wie der,[71] von dem Kaguyahime sprach, deshalb habe ich diesen gebrochen und mitgebracht.

Der Berg ist unerhört reizvoll.

Nichts auf dieser Welt konnte man mit ihm vergleichen, doch nun, da ich den Zweig gebrochen hatte, war ich wieder voller Unruhe, ich bestieg das Boot, es blies ein günstiger Wind,[72] und in gut 400 Tagen waren wir da.

Es war wohl die Wirkung unserer Gebete[73] – von Naniwa bin ich gestern in die Hauptstadt gekommen und ohne auch nur mein Gewand zu wechseln, das noch feucht ist von der Salzflut, bin ich weiter hierher geeilt.“

Als der Prinz so sprach und dies der alte Mann hörte, seufzte er und verfaßte folgendes Lied:

Seit Generationen sammeln wir / schwarzen Bambus[74] / in Bergen und Ebenen / ist uns aber je / so Trauriges[75] begegnet?

---

[69] die Stelle wird interpretiert als a) Steilhang b) Seite; vgl. die identische Stelle im *Konjaku-monogatari*

[70] Farbattribute, die drei edelsten der sieben Edelsteine

[71] wenn er sich von dem (Zweig) unterscheidet, von dem (die Prinzessin) sprach (gibt es Ärger) = er soll genauso sein wie der...

[72] es bliesen günstige Winde; wörtl.: achterlicher Wind

[73] wohl durch die Kraft unserer Gebete; die Kraft des Wunsches (nach Erlösung durch Buddha) = frei: Gebete

[74] schwarzer Bambus, Kissenwort (*Makurakotoba*) zu *jo* Bambusknoten, dieses wiederum Türangelwort (*Kakekotoba*) in der Doppelbedeutung a) der Raum zwischen den Knoten des Bambus (vgl. 1.2), b) Zeit, Generation

Das hörte der Prinz und er sprach: „Mein Herz, das so lange gelitten hat, ist heute zur Ruhe gekommen." Sein Antwortlied lautete:

Heute nun ist / mein Ärmel getrocknet[76] / so werden die vielfachen Leiden / auch bald / vergessen sein

4.6

Unterdessen[77] war eine Gruppe von sechs Männern in den Garten des Hauses getreten.

Einer der Männer hielt einen Brief eingeklemmt in einen Briefhalter[78] und sprach:

立文をはこぶ

„Ich, Ayabe[79] no Uchimaro, Handwerker aus den Palastwerkstätten,[80] erlaube mir zu sagen: Wir haben einen Edelsteinzweig angefertigt, uns deswegen des Essens enthalten und mehr als tausend Tage lang große Kraft

---

[75] ist uns so (ein kümmerlicher Bambus =) etwas Trauriges je begegnet (nein – sicher nicht); so = der Bericht des Prinzen; (rhetorische Frage, Elativ) sahen wir je so etwas Trauriges (nein – sicher nicht); Assoziationswort zu Bambus: a) kümmerlicher (Bambus), b) Szene, traurige Geschichte

[76] da die (von Tränen – wegen Liebeskummer – und Meereswellen – wegen zuviel Ozean) durchnäßten Ärmel (meines Kimonos) heute getrocknet sind (und zwar: vor Freude, die Prinzessin wiederzusehen)

[77] während/unterdessen; = der Unterhaltung zwischen Bambusammler und Prinz

[78] Briefhalter: an der Spitze gespaltener Stab für die Überreichung eines Briefes an einen Adeligen

[79] hypothetischer Familienname, möglicherweise, weil in den damaligen Werkstätten naturalisierte Koreaner tätig waren; *aya* für: der chinesischen Schrift (= Muster *aya*) mächtiger Ausländer = chinesisch/koreanisch

[80] Handwerker aus dem Amt für die Kaiserlichen Werkstätten, Lesungsvarianten; die Schreinerwerkstatt im Kaiserpalast ist ein (Palast)amt, der Meister ein dort beschäftigter Handwerksmeister (man erinnere sich an den geschwätzigen Palastklempner Suke no Norimitsu aus *Makuranosôshi*, Nr. 82.5; vgl. Arnold-Kanamori: *Klassisches Japanisch II, Makuranosôshi I.* Hamburg 2001)

darauf verwandt. Doch gab man uns bis heute keinen Lohn.[81] Gebt ihn uns jetzt, damit wir unsere armen Gesellen entlohnen können!" So sprach er und überreichte den Brief.

Der alte Bambussammler fragte, irritiert den Kopf zur Seite neigend:[82] „Was sagen diese Handwerker da?"

Der Prinz stand da wie vom Donner gerührt und ihm schwand der Mut.

Kaguyahime hatte alles vernommen und sagte nun: „Nimm den Brief!",[83] und als sie ihn las, da stand in diesem Brief:

Seine Hoheit der Prinz hielt sich tausend Tage lang zusammen mit uns niederen Handwerkern am selben Orte verborgen und ließ uns einen herrlichen Edelsteinzweig anfertigen, auch versprach er uns Ämter.

Als wir dies kürzlich überdachten, erfuhren, daß es Kaguyahime – die zukünftige Frau[84] des Prinzen – war, die den Zweig verlangt habe, so werden wir ja wohl unseren Lohn von diesem Haus bekommen!

So lautete der Brief, und als Kaguyahime hörte „man hat uns den Lohn zu geben", blühte ihr Herz,[85] das sich mit einbrechender Dunkelheit immer mehr mit Kummer erfüllt hatte, wieder auf, sie rief den alten Mann und sagte: „Und ich habe gedacht, der Zweig wäre wirklich von einem Baum des Hôrai! Da es sich aber nur um eine abscheuliche Fälschung handelt, gib ihn rasch zurück!"

---

[81] Entgelt, Lohn, der in der Regel in Seidenstoffen bzw. Kleidern bestand

[82] der Bambussammler fragte (zweifelnd, frei: irritiert) den Kopf zu Seite neigend

[83] nimm den Brief, den er darreicht; a: Befehlston unserer Prinzessin gegenüber dem Ziehvater, oder b) Nehmt den Brief; im Vergleich zum folgenden gemilderten Imperativ: gib ihn rasch zurück, wohl ein Befehl an Hausangestellte

[84] Kaguyahime, die die Frau (des Prinzen) werden soll; Dienerin, hier: ihm dienend zur Seite stehen soll = Ehefrau

[85] verschwand/verflog ihr Kummer; die Sorgen verflogen, beachte aber die Textvariante: ihr lachte das Herz wieder

Der alte Mann pflichtete ihr bei: „Da wir sicher vernommen haben, daß es sich um ein künstlich hergestelltes Ding handelt, fällt es uns leicht, ihn zurückzugeben!"

Kaguyahimes Herz war nun wieder ganz heiter[86] und sie antwortete auf das vorher erhaltene Lied[87] [des Prinzen]:

Ich fragte, ob er wohl echt sei / doch als ich nachsah / war der Edelsteinzweig / mit Blättern aus Worten / geschmückt[88]
Und damit gab sie[89] den Edelsteinzweig zurück.

Dem alten Bambussammler war es peinlich, daß er eben gerade noch mit dem Prinzen vertraulich geplaudert hatte, und er stellte sich schlafend.[90]

Der Prinz wußte nicht aus noch ein.[91]

Als es dunkel geworden war, stahl er sich heimlich davon.[92]

4.7

Kaguyahime aber rief die Handwerker, die ihr Leid geklagt hatten, hieß sie vor sich niedersetzen und sprach: „Ich freue mich über euer Kommen." Sie gab ihnen reichlichen Lohn.

---

[86] die Prinzessin war (wieder) völlig zufrieden, frei: beruhigt, heiter

[87] Antwort(lied) auf das vorige (eben vom Prinzen erhaltene) Lied; vgl. 4.3, das am Edelsteinzweig befestigte Lied

[88] mit falschen Worten wie Blättern geschmückter (gefälschter Zweig); unübertragbares Wortspiel, in dem *koto* Wort als *Kakekotoba* Türangelwort fungiert: a) mit Worten *koto no ha* (= *kotoba*) (als wäre er echt) geschmückter, b) mit (falschen) Blättern geschmückter (gefälschter Zweig)

[89] mit dem Antwortlied gab (sie) den Zweig zurück; Subjekt ist also die Prinzessin, nicht der Großvater

[90] hier: die Augen schließen und sich schlafend stellen

[91] (der Prinz) war unschlüssig, ob er stehen oder sitzen sollte = wußte nicht, was er tun, ob er gehen oder bleiben sollte, frei: nicht aus noch ein

[92] verschwand heimlich; interessante Problemlösung der bisherigen zwei Japan-Männer: so tun, als sei man nicht dabei gewesen und sich davonmachen; vgl. 3: …fiel ihm nichts mehr zum Sagen ein und er ging heim.

Die Handwerker freuten sich sehr und sagten: „Nun ist es wirklich so gekommen, wie wir erhofft hatten", und gingen.

Auf dem Heimweg aber ließ[93] der Prinz sie blutig prügeln und ihnen allen Lohn wegnehmen und fortwerfen, bevor sie etwas davon hatten, worauf sie flohen.

Dann sprach der Prinz: „Die Schmach eines ganzen Lebens kann nicht größer sein als diese Schande. Nicht nur, daß ich diese Frau nicht gewinnen konnte, jedermann unter dem Himmel hat alles mit angesehen und wird sich daran erinnern – welche Schande!" und zog sich[94] ganz allein tief in die Berge zurück.

Seine Palastbeamten und Dienstleute verteilten sich und machten sich auf die Suche, doch konnten sie – als wäre er schon gestorben – den Prinzen nirgendwo aufspüren.

Mehrere Jahre ließ sich der Prinz, in der Absicht, sich vor seinen Gefolgsleuten zu verstecken, nicht sehen.

Damals begann man von *tama-sakaru*, „mit den Edelsteinen ging der Geist fort", zu sprechen (denn *tama* bedeutet sowohl *Edelstein* als auch *Geist*[95]).

5. DAS KLEID AUS DEM FELL DER CHINESISCHEN FEUERRATTE

(Die Geschichte des Kanzlers zur Rechten Abe)

5.1

Der Kanzler zur Rechten Abe no Mimuraji[96] war ein wohlhabender Mann und entstammte einer einflußreichen Familie.

---

[93] Kausativ, demnach auf Befehl des Prinzen handelnde Gefolgsleute

[94] er zog sich ganz allein in die tiefen Berge zurück; *tokoro* hier: ehrerbietiges ZEW zur Vermeidung der direkten Nennung einer adeligen Person, auch verwendet für Wohnort, Haus, Gebäudeteil der adeligen Herrschaft

[95] der Edelstein/die Seele ist fort; *tama* Türangelwort in der Doppelbedeutung a) Seele/Geist, *spiritus* b) Edelstein; *sakaru* entfernen, hier: = verlieren: der Prinz verlor mit dem gefälschten Edelsteinzweig seinen Geist/seine Seele (seinen *spirit*!)

[96] der Kanzler zur Rechten Abe no Mimuraji; unser Quellentext: Mitani, 1964: 66; spricht konsequent von: Kanzler zur Linken, in *NKBT* 9: 41, heißt es aber: Kanzler zur Rechten; *muraji* großes, einflußreiches Geschlecht, hier als Namensbestandteil

Er schrieb einen Brief an einen Mann namens Wang Hsi[97] von einem chinesischen Handelsschiff, das in jenem Jahre gekommen war, und forderte ihn darin auf, ihm das sogenannte Kleid aus dem Fell der Feuerratte[98] zu kaufen und zu senden; er wählte einen seiner treuesten Gefolgsleute, Ono no Fusamori, aus und schickte ihn mit dem Brief los.

Fusamori erreichte das Schiff des Wang Hsi in der Bucht von Hakata[99] (fuhr mit diesem nach China) und übergab den Brief sowie Gold.

Wang Hsi breitete den Brief aus, las ihn und schrieb folgende Antwort:

„Ein Kleid aus dem Fell der Feuerratte gibt es nicht in unserem Land.[100]

Zwar habe ich schon davon gehört, aber noch nie eines zu Gesicht bekommen.

Gäbe es dies in Wirklichkeit, hätte man es sicher auch schon nach China gebracht.

Das ist also ein sehr schwieriger Handel.

Für den Fall, daß aber zufällig eines nach Indien gelangt sein sollte, will ich bei den Reichen[101] herumfragen, und wenn es da nicht aufzutreiben ist, werde ich dem Boten das Gold wieder mitgeben."

---

[97] chinesischer Familienname (jap. *wau* = Wang) und Vorname (jap. *kei* = Hsi); ein chinesischer Überseehändler; Naumann in chinesischer Fassung: Wang Hsi

[98] das sogenannte Fell der Feuerratte; *naru* formal sowohl Assertiv als auch Hörensagen, hier letzteres; an dieser Stelle ist tatsächlich nur von *kaha* Haut (Fell), statt von *kahaginu* Fellkleid (vgl. 2.5) die Rede; *NKBT* 9: 42, ergänzt: *kaha(ginu)*

[99] die (bekannte) Bucht (von Hakata), *rei no hakata no ura* (= *hakatawan* auf Kyûshû) lautet die Stelle bei Mitani, 1964: 67; *NKBT* 9: 41, verzeichnet diese Stelle mit den Textvarianten: der sich a) in Morokoshi befand (interpretiert aber zugleich auf S. 42: b) der sich auf dem chinesischen Schiff in Tsukushi/Kyûshû befand (hier ist Fusamori zusammen mit Wang Hsi nach China zurückgekehrt); *tsukushi* ist die alte Bezeichnung für Kyûshû (umfaßt die Kuni Chikuzen und Chikugo); da das Schiff des Chinesen Wang „in jenem Jahr nach Japan gekommen war", übernehme ich die Fassung Mitani und lasse den Gefolgsmann zunächst zum Schiff nach Kyûshû reisen, mit dem er sich dann (mit Wang Hsi, oder ohne diesen) nach China begibt; auch wenn der Chinese gleich antworten wird: das gibt es nicht in diesem Land, befindet er sich möglicherweise auf seinem Schiff

[100] unser Land = China; (wie bemerkt: kein sicherer Hinweis, daß sich der Chinese unbedingt in seiner Heimat befindet)

5.2

Da kam das chinesische Schiff zurück.

Als der Kanzler zur Rechten hörte, daß Ono no Fusamori zurückgekommen und auf dem Weg in die Hauptstadt[102] sei, sandte er ihm zum Empfang ein schnelles Pferd,[103] das Fusamori bestieg und so in nur sieben Tagen von Tsukushi in die Hauptstadt gelangte.

Als der Kanzler den Brief [des Wang Hsi] las, stand da:

„Ich habe Leute ausgeschickt und mit größter Mühe schließlich das Kleid aus dem Fell der Feuerratte aufgetrieben.

Dieses Kleid wahr wohl weder in früherer noch in heutiger Zeit so einfach zu beschaffen.

Es war mir zu Ohren gekommen, daß vor langer Zeit ein hochrangiger Mönch[104] aus Indien, der sich im Westlichen Bergkloster befinde, es in unser Land[105] mitgebracht habe, und so habe ich bei den Regierungsstellen[106] um Erlaubnis nachgesucht und das Kleid aus dem Fell der Feuerratte unter großen Mühen käuflich erworben.

---

[101] *Chouja* buddhistischer Terminus = reiche, mächtige Familie
[102] (aus China) zurückgekommen; auf dem Weg (von Hakata auf Kyûshû) in die Hauptstadt (Heian/Kyôto)
[103] sandte er ihm zum Empfang (ein schnelles Pferd); *NKBT* 9: 42, ergänzt; Textvariante existiert; die Stelle ist undeutlich: a: (der Kanzler) schickte (einen Boten auf) einem schnellen Pferd, um (Fusamori) zu empfangen; der Kausativ *mukaesase* als: um ihn zurückzuholen = zu empfangen; b) *kaesase* (Fusamori ließ das Pferd) laufen und zurückkehren, Naumann b): ...auf daß er es laufen lasse auf dem Heimweg
[104] ein hoher Heiliger = hochrangiger Mönch aus Indien
[105] in dieses Land (= nach China) gebracht wurde
[106] (nach Antrag/Rücksprache) mit der Regierung/offiziellen Stellen *ohoyake*, frei: Regierungsstellen; diese Stelle besagt wohl, daß der Kaufmann sich in der Angelegenheit eines solchen Schatzes nicht an den Tempel, sondern an die Provinzregierung oder einen örtlichen Beamten wenden mußte (unten als *kokushi* bezeichnet)

Da der Beamte[107] meinem Boten sagte, das Gold reiche nicht für den Ankauf, habe ich selbst, Wang Hsi, draufgelegt[108] und es gekauft.

Ich bekomme also noch 50 Ryô.

Schickt mir das fehlende Geld mit dem zurückkehrenden Schiff.[109]

Wollt ihr mir das Geld nicht geben, bekomme ich die Ware, also das Kleid zurück!"[110]

Als der Kanzler dies las, sprach er: „Was schreibt er nur. Da fehlt ja nur noch ein wenig Geld. Das schick ich ihm gern. Wie froh bin ich, daß er das Kleid gefunden und geschickt hat." und warf sich ehrerbietig[111] in Richtung China zu Boden.

Er betrachtete nun den Kasten, in den das Pelzgewand gelegt war: es war mit verschiedenartigen schönen Smaragden[112] bunt verziert.

Als er das Pelzkleid betrachtete, war es von kobaltblauer[113] Farbe.

An den Spitzen der Haare leuchtete es golden und es funkelte.[114] [115]

---

[107] als/da der Vertreter der (chinesischen) Provinzregierung dem (= meinem) Boten sagte; *kokushi* hier Benennung nach dem altjapanischen Rangsystem: Gouverneur

[108] Wang Hsi (= ich) legte sein (eigenes) Geld dazu

[109] schickt mir (das fehlende Geld) mit dem (bald etc.) zurückkehrenden Schiff; Naumanns: Schicket mir dieses (Gold), *bevor das Schiff sich auf die Rückfahrt macht*, ist ein Irrtum. Keine Negation. Und wenn Wang Hsi bei ihr [= Frau Naumann, Herr Herausgeber] vorher in China blieb, ist er auch jetzt nicht mitgekommen

[110] dann gebt mir die Ware, (also) das Kleid aus dem Fell (der Feuerratte) zurück; *shichi* (mod.: Pfandstück) die als Gegenwert für das Gold erhaltene Ware

[111] warf sich ehrerbietig (grüßend) zu Boden

[112] bunt verziert; *ruri* allg. Bezeichnung für Edelsteine, bunte Steine, vgl. *tama*

[113] metallenes, tiefes Blau, Kobaltblau

[114] an den Haarspitzen leuchtete das Fell golden; die Phrase als Beweis, daß es sich in der Interpretation des *Taketori-Monogatari* nicht um den chinesischen Originalmythos eines aus dem Fell der chinesischen Feuerratte gewobenen feuerfesten Stoffes handelt, sondern um ein Fellkleid (vgl. die Ausführungen im Exkurs zu 5.1

[115] ...und funkelte; die Stelle ist ungeklärt; es existiert eine Vielzahl von Textvarianten; vermutlich (goldfarben) leuchten, funkeln, schimmern etc.; Naumanns: funkelte golden *und knisterte*, scheint ein wenig elektrostatisch überladen

Es war ein Schatz, dem nichts in seiner Schönheit glich.

Mehr noch als seine Nichtbrennbarkeit bestach diese unendlich strahlende Pracht.

5.3

Der Kanzler sagte: „Kein Wunder, daß Kaguyahime es unbedingt haben wollte – wirklich herrlich", und legte es wieder in den Kasten, befestigte diesen an einem Zweig, [116] machte sich – in dem Gedanken er werde ja sicher gleich dort übernachten – sehr sorgfältig zurecht, verfaßte noch rasch ein Lied, fügte dieses bei[117] und machte sich mit allem auf den Weg.

Das Lied lautete:

> *Grenzenlose Sehnsucht [118] / unvergänglich wie das / nicht brennbare Fellkleid / dessen Ärmel nun getrocknet[119] sind / jetzt will ich es tragen![120]*

Er trug den Kasten vor das Tor des Hauses der Prinzessin und wartete.

Der alte Bambussammler trat heraus, nahm alles mit und zeigte es Kaguyahime.

Als Kaguyahime das Fellkleid sah, sagte sie: „Sicher ein schönes Fell. Aber weiß man, ob es auch echt ist?"

Worauf der Bambussammler antwortete: „Das lassen wir einmal dahingestellt sein; bitten wir ihn doch erst einmal herein.[121]

---

[116] Geschenke wurden an einem Zweig befestigt, oder mit künstlichen Blumen versehen; technisch wäre die Stelle besser umgekehrt zu formulieren: befestigte einen (Blüten)zweig an dem Kasten; Naumann etwas lieblos: befestigte den Kasten an irgendeinem Ast

[117] ein Lied verfassen und (dem Fell bzw. dem Kasten) beifügen (nicht ausgeführt: in den Kasten hineinlegen, oder an ihm bzw. dem Zweig befestigen usw.)

[118] a) dich lieben: verbrannt vor grenzenloser Sehnsucht; b) *hi* als Türangelwort = Feuer: das nicht brennbare/feuerfeste Fell, zugleich: nicht verbrennende/vergehende Sehnsucht/Liebe

[119] mein (vor Liebeskummer tränennasser) Ärmel ist getrocknet

[120] heute will ich (den nun getrockneten Kimono, ergänze: in aller Öffentlichkeit) tragen (= geht meine Liebe in Erfüllung); (zu ergänzendes: in aller Öffentlichkeit/offiziell Mann und Frau werden)

[121] ins Gästezimmer geleiten

Da es wie ein Fell aussieht, das man sonst nirgends auf der Welt zu sehen bekommt, nimm an, es sei das richtige.

Laß ihn nicht so sehr leiden." Damit rief er [den Kanzler] herein und hieß ihn Platz zu nehmen.

Wenn er ihn so hereinruft, wird es diesmal sicher etwas – so dachte auch seine alte Frau.

Der alte Mann beklagte, daß Kaguyahime keinen Mann habe, und plante, sie mit einem angesehenen Mann zu verbinden, sie jedoch – schließlich konnte er sie nicht zwingen! – sagte beständig nein.

5.4

Kaguyahime sagte zu dem alten Mann: „Wenn ich dieses Fellgewand anzünde[122] und es verbrennt nicht,[123] dann glaube ich, daß es das echte ist und will dem Kanzler gehorchen.[124]

Du sagst: ‚Da es wie ein Fell aussieht, das man sonst nirgends auf der Welt zu sehen bekommt, nimm es als das richtige'. Zünden wir es also an, um zu sehen, ob es verbrennt.

Der alte Mann sprach: „Damit habt Ihr ganz recht", und zum Kanzler: „Sie meint so und so."

Der Kanzler antwortete: „Dieses Fell gab es in ganz China nicht, ich habe es schließlich unter großen Mühen ausfindig gemacht. Was könnte es da noch für Zweifel geben?

Aber was sage ich – zündet es nur rasch an!"

---

[122] wenn wir es verbrennen = ins Feuer werfen
[123] wenn wahr sein sollte, daß es nicht brennt = und wenn es wirklich nicht verbrennen sollte
[124] dann will ich dem Kanzler gehorchen; frei: tun, was er sagt = ihm folgen/ihn heiraten; *hito* vage Bezeichnung für Person, hier: der Kanzler

So ließ die Prinzessin das Fellkleid ins Feuer werfen[125] und es ging sofort in Flammen auf.

„Also doch eine Fälschung!",[126] sprach sie.

Der Kanzler wurde ganz grün im Gesicht,[127] als er dies sah.

Die Prinzessin aber freute sich riesig.

Sie legte eine Antwort auf das Lied des Kanzlers in den Kasten und gab alles zurück.

Es lautete:

> *Hätt ich gewußt / daß das Fellkleid / so restlos verbrennt – /*
>
> *weitab vom Feuer und sorglos[128] / wollte ich es betrachten*

Da ging [der Kanzler] nach Hause.

Die Leute fragten, „Kanzler Abe hat das Fellkleid der Feuerratte mitgebracht, er ist doch jetzt Kaguyahimes Mann, nicht wahr. Ist er hier?" usw.

Da sagte jemand: „Als man das Fellkleid ins Feuer warf, brannte es lichterloh, daher hat sich Kaguyahime nicht mit ihm verbunden", und seit man das hörte, nennt man etwas, das man nicht zu Ende bringt: *ahe nashi* „unbeherzt" – (das klingt wie *Abe nashi,* „ohne Abe").[129]

---

[125] (als die Prinzessin) es (durch einen Hausdiener?) ins Feuer werfen (und anzünden) ließ; der Kausativ (= durch einen Hausdiener etc.) ist wie die vorangehende direkte Rede keiner Person zugeordnet, es könnte sich also auch um den Kanzler oder die Prinzessin handeln
[126] also doch ein anderes Fell = eine Fälschung; Naumann: schließlich doch der Pelz eines anderen Tieres
[127] grün (im Gesicht = erbleichte) wie das Blatt einer Pflanze saß er da
[128] wo ich mir doch keine Sorgen um das Fellkleid machte (das es falsch sein könnte) – und es nicht ins Feuer werfen wollte; als *Kakekotoba*: a) mir keine Sorgen machte (daß es falsch sei), b) nicht ins Feuer werfen
[129] unbeherzt/ohne Abe; Wortspiel in Gestalt eines *Kakekotoba* mit Doppelbedeutung: *aenashi* a) ohne Kraft, frei: unbeherzt, b) ohne (Kanzler) Abe

6. DER EDELSTEIN VOM HALS DES DRACHEN

(Die Geschichte des Oberkabinettsrats Ôtomo)

6.1

Der Oberkabinettsrat Ôtomo no Miyuki rief alle Leute seines Hauses zusammen und sprach zu ihnen: „Am Hals des Drachen[130] befindet sich ein in allen fünf Farben schillernder Edelstein. Wer ihn holt und mir bringt, dem gewähre ich jeden Wunsch."

Die Männer vernahmen dies und sprachen untereinander: „Was er sagt, müssen wir wohl schätzen. Doch ist solch ein Edelstein allein schon schwer zu erlangen, wie sollte man ihn gar vom Halse eines Drachen fortnehmen?"

Der Oberkabinettsrat sagte: „Wer sich Gefolgsmann[131] seines Herrn nennen will, der muß ja doch das Verlangen seines Herrn zu erfüllen trachten – und wenn es ihn das Leben kostet!

Einen solchen Edelstein gibt es weder hierzulande[132] noch in Indien oder China.

Aber es gibt hierzulande Drachen, die von den Bergen herab und aus dem Meer aufsteigen.[133]

Was scheint euch Männern[134] also schwierig an der Aufgabe!"

---

[130] in 2.5 hatte ich schon darauf verwiesen, daß es sich streng genommen nicht um den in allen fünf Farben schillernden Edelstein vom Hals sondern eigentlich vom chinesisch originalgepiercten Kinn (*otogai* Kinn, Kiefer; frei:) des Drachen handelt, der in den neunfachen Abgründen haust; alte Begebenheit *koji* aus dem chinesischen taoistischen Klassiker *Zhuangzi* (Jap.: *Sôji*, auch *Sôshi*) von Zuang Zhou (um vor 370-300); wir haben es mit derselben Wandelung wie bei dem „Kleid aus dem Fell der Feuerratte" zu tun, das im chinesischen Original ein daraus gewobener Stoff war; Naumanns: an der Kehle, scheint mir nicht günstig

[131] Dienstmann, Gefolgsmann; ungeklärt, entsprechend auch als Fehlschreibung des folgenden: (mutige) Dienstmänner interpretiert

[132] = Japan

[133] die Drachen steigen (nämlich:) von den Bergen herab und aus dem Meer auf; aha: Godzilla

[134] im Kontext: euch (Männern); die Stelle ist umstritten; Textvariante; Lesung: *kimuchira*; eigentlich höfliches Demonstrativpronomen der 2. Pers. Singular (höfliche Bezeichnung für einen Adeligen) + Pluralsuffix; hier unter Verlust des Elementes der Höflichkeit identisch mit *nanjira*, der Abkürzung v. *namuchira*

Als die Männer sagten: „Nun, was ist also zu tun? Es ist zwar eine schwere Aufgabe, doch wir wollen seinen Worten folgen und uns aufmachen, den Edelstein zu erwerben!", sah sie der Oberkabinettsrat an und lachte:

„Ihr seid bekannt als mutige Dienstmänner![135] Wie könntet ihr euch da wohl den Worten eures Herrn widersetzen!"

Und damit entließ er sie, daß sie den Edelstein vom Hals des Drachen holten.

Er gab den Leuten alles an Seidenstoffen, Baumwollstoffen, Geld usw. heraus, was in seinem Palast vorhanden war,[136] um es auf der Reise[137] gegen Lebensmittel einzutauschen, und schickte sie damit fort.

Und er sagte: „Ich werde Enthaltsamkeit üben und hier warten, bis ihr zurückkehrt. Kommt mir aber nicht ins Haus zurück, bis ihr den Edelstein erlangt habt!"

6.2

Ein jeder hatte die Rede des Oberkabinettsrats vernommen und sie machten sich auf.

„Wenn er sagt, wir dürfen ohne den Edelstein vom Hals des Drachen nicht zurückkommen, da kann gerade ein jeder gehen, wohin es ihn führen mag.

Wie kann man sich nur so etwas in den Kopf setzen!"

Sie teilten die erhaltenen Dinge untereinander auf.

---

[135] ihr habt euch (bereits) einen Namen als (mutige) Dienstmänner eures (ebenso: mutigen) Herrn gemacht, freier: seid bekannt als mutige Männer; vgl. oben; der Oberkabinettsrat lobt sich hier selbst, vgl. Mori Ôgai, *Deutschlandtagebuch*, 1992: Der Asiate macht gern viel Aufhebens von sich

[136] soviel wie möglich Seide(nstoffe), Baumwoll(stoffe) und Geld etc. (für...); (Naumann interpretiert Rohseide: unversponnene Seide); nämlich Dinge, die bei gering entwickelter Geldwirtschaft den Männern auf ihrem Wege als willkommene Tauschmittel dienen konnten; Naumann undeutlich: Zum Lebensunterhalt auf der Reise brachte er diesen Leuten Seidenstoffe und unversponnene Seide und Geld

[137] zum Leben(sunterhalt) auf der Reise = zum Kauf von/Tausch gegen Lebensmittel

Der eine zog sich damit in sein Haus zurück, der andere ging, wohin es ihm gefiel.

Zwar war der Oberkabinettsrat ihr Herr,[138] doch verlangte er hier etwas Unvernünftiges, das ganz unmöglich durchzuführen war, daher schimpfte man auf ihn.[139]

[Der Oberkabinettsrat] sprach: „Für eine Ehefrau Kaguyahime[140] ist mein Haus zu häßlich",[141] und er ließ ein prachtvolles Gebäude errichten, ließ es mit Lack bemalen,[142] seine Wände mit Bildern in Gold- und Silberstreutechnik ausführen, das Dach des Hauses ließ er mit eingefärbten Bändern buntfarbig abdecken[143] und zur Ausgestaltung des Inneren ließ er auf unsagbar schöne gemusterte Stoffe[144] Bilder malen und diese in allen Räumen[145] aufspannen.

Er trennte sich von seinen übrigen Gattinnen,[146] da er sich ja bald mit Kaguyahime vereinen würde,[147] und lebte fortan allein.

---

[138] auch wenn wir ihn Vater (Eltern) und Herr nennen (= uns ihm absolut unterordnen müssen); Gespräch der Vasallen; Naumann (ungenau bei väterlicher Liebe): von dem man sonst wie von einem Vater sprach

[139] sie schimpften untereinander (über den Oberkabinettsrat)

[140] um sie zu seiner Frau zu machen, frei: für Kaguyahime als Ehefrau

[141] frei: ist mein Haus zu häßlich; Interpretationen: a) wie ein gewöhnlicher Palast b) das Haus (des Oberkabinettsrates) in seinem bisherigen Zustand

[142] ungesichert: ließ (das Gebäude?) mit Lack bemalen, und (die Wände?) mit Bildern in Gold- und Silberstreutechnik ausführen; Wände ausführen etc.; Textvariante ohne: Wände

[143] ließ (das Dach) mit gefärbten Bändern verschieden(= bunt)farbig decken (= schmücken?); (Stroh)Dach; hier: verschiedenfarbig; *ito* Band (nicht nachgewiesen ist Naumanns Interpretation von *ito* als buntgefärbte: Halme), vgl. 6.4: die bunten Bänder, mit denen das Dach gedeckt (geschmückt) war, wurden inzwischen von Weihen, Rabenkrähen etc. ausgezupft und für den Nestbau verwendet

[144] gemusterter Stoff; *aya* = bunt, gemustert; Damast(gewebe) ist korrekt, die kämen aber aus Damaskus

[145] (als Wände zwischen bzw.) in jedes Zimmer

[146] frei: er trennte sich von seinen bisherigen/übrigen Gattinnen; Mitani, 1964: 85, fügt ein: warf seine bisherigen Gattinnen raus, in Interpretation des folgenden: traf Vorbereitungen; Textvarianten: ohne die Phrase: bisherige Gattinnen; sowie Weiterführung mit: er nahm Abstand von den bisher (zu ihm) gekommenen (Frauen); in Nr. 6.4 erfahren wir übrigens, daß diese das alles recht locker nehmen, weil sie sich denken können, wie es ausgeht (war sicher nicht das erste Liebesabenteuer unseres trainierten Helden): *seine bisherigen Frauen platzten schier vor lachen*; so verstärkt sich der Eindruck des Stückes als kritisches Werk über die Untreue der Männer (wir lernen zudem, daß: *harakiri* ursprünglich witzig war)

[147] Naumann: traf Vorbereitungen (in bezug auf seine bisherigen Gattinnen), da er sich sicher mit Kaguyahime vereinen würde; Vorbereitungen treffen = ungesichert: trennte sich von ihnen? (so Mitanis obiger Zusatz); der Oberkabinettsrat war also polygam

Von früh bis spät wartete er auf die Leute, die er ausgeschickt hatte, doch das Jahr ging vorüber, ohne daß eine Nachricht kam.[148]

Er wurde unruhig und begab sich möglichst unauffällig in schlichter Aufmachung[149] mit nur zwei Palastjunkern[150] als Dienern in die Hafengegend von Naniwa und ließ diese herumfragen: „Habt ihr nicht vielleicht etwas davon gehört, daß Leute des Oberkabinettsrates Ôtomo ein Schiff bestiegen, einen Drachen getötet und einen Edelstein von seinem Hals genommen haben?" Da antworteten die Schiffer unter Gelächter:

„So ein Unsinn! Es gibt kein Schiff, mit dem man so etwas bewerkstelligen könnte", doch er dachte: „Das sind eben Schiffer, die reden nur so kleinmütig daher, weil sie nichts davon verstehen", und er sagte:

„Mit meinem starken Bogen würde ich jeden Drachen blitzschnell totschießen und den Edelstein von seinem Hals nehmen. Ohne auf irgenwelche lahmen Kerle[151] zu warten!" Mit diesen Worten bestieg der Oberkabinettsrat ein Schiff, ruderte damit auf allen Meeren umher und gelangte schließlich sehr weit fort auf das Meer bei Tsukushi.[152]

6.3

Was ging da vor sich?[153] Ein Orkan kam auf, die Welt[154] verdunkelte sich und das Schiff wurde davongeblasen.

---

[148] es kam keine Nachricht; Naumann schräg: kein Ton war zu hören (keiner ließ etwas von sich hören, wäre gegangen)

[149] in schlichter Aufmachung = heimlich; intransitive Form des Verbs *yatsu*su ärmlich, dünn = sich ärmlich kleiden, unauffällig machen

[150] mit zwei Palastjunkern als Diener; Palastjunker, unmittelbare Gefolgsleute des Tennôs bzw. der Kaiserlichen Familie

[151] pejoratives: *yatsu* Kerle, hier frei: irgenwelche lahme Kerle (Anspielung auf die müßig gebliebenen Gefolgsleute, oder nur Großspurigkeit gegenüber den Schiffern?)

[152] Tsukushi ist die alte Bezeichnung für Kyûshû (umfaßt die Kuni Chikuzen und Chikugo), vgl. 5.1

[153] Was ging da vor sich/war nur los; *su*₂ + *kemu*₄ zwar Vermutung in der Vergangenheit, jedoch Wiedergabe der damaligen Empfindungen, nicht Naumanns: wie mag es da wohl zugegangen sein; mod. ebenso: *doushitakotodarouka* was war/ist denn nun los?

[154] die (diesseitige) Welt; buddhistischer Begriff

Man wußte nicht wohin, es war, als wollte der Sturm das Schiff ins Meer drücken, die Wogen schlugen hoch über dem Boot zusammen und es donnerte und blitzte, als wollte sich der Donnergott auf sie herabstürzen.

Da wußte der Oberkabinettsrat nicht ein noch aus und sagte: „In so einer fürchterlichen Lage war ich noch nie. Was wird nur aus uns werden?!"

Der Steuermann[155] antwortete: "In den vielen Jahren auf diesem Schiff war ich noch nie in so einer schrecklichen Lage…

…Entweder geht das Schiff unter, oder wir werden vom Blitz getroffen…

…Und wenn glücklich die Götter helfen, treibt uns der Sturm gewiß unwiederbringlich fort in die Südmeere[156]…

…Solch einen sinnlosen Tod muß ich nun sterben, weil ich bei so einem schrecklichen Herrn diene!", jammerte der Steuermann.

Als der Oberkabinettsrat dies hörte, sprach er: "Es heißt: 'Besteigst du ein Schiff, vertraue den Worten des Steuermanns wie einem großen Berg'.[157] Warum also redest du so entmutigend daher!?" und mußte sich heftig erbrechen.[158]

Der Steuermann antwortete: „Bin ich ein Gott? Was kann ich denn tun! …

…Ein scharfer Wind weht und die Wellen gehen hoch, das mag noch angehen, daß aber sogar der Donnergott sich auf unser Haupt herabzustürzen scheint, kommt alles daher, weil ihr den Drachen töten wollt…

---

[155] Steuermann = Schiffsführer, Kapitän

[156] dann treibt uns der Wind (frei: unwiederbringlich fort) in die Südmeere; vage Bezeichnung für schreckenerregende weit entfernte/unbekannte Meere

[157] vertraue auf die Worte eines Steuermannes wie auf einen (unverrückbaren) großen/hohen Berg; (vgl. Dtsch.: felsenfeste Überzeugung)

[158] er erbrach sich (heftig); grünes Erbrochenes, bis zum grünen Magenschleim etc. = heftig erbrechen, Textvariante; Naumann zu wörtlich: er erbrach Grünes

…Der heftige Wind, das ist der Drache!…

…Los, bete zu seinem Gott."[159]

„Du hast Recht!" erwiderte der Oberkabinettsrat, „Höre mich an, Gott der Schiffsleute![160] Kindisch und dumm war es, daß ich den Drachen töten wollte. Nicht die Spitze eines Haares will ich ihm fortan krümmen."

Laut betend stand er da, weinend rief er es wohl tausendmal, als endlich das Gewitter nachließ.

In der Ferne waren noch Blitze zu sehen[161] und der Wind blies immer noch heftig.

Der Steuermann sagte: „Das war das Werk des Drachen.[162] Dieser Wind bläst aus einer guten Richtung. Dies ist kein schlechter Wind. Er bläst uns in eine gute Richtung!" doch der Oberkabinettsrat nahm gar nicht wahr, was er sagte [, so erschöpft war er].[163]

6.4
Drei, vier Tage lang blies der Wind, er blies sie zurück an Land.

Als sie den Strand betrachteten, waren sie am Strand von Akashi in der Provinz Harima.[164]

---

[159] Los, bete zu den Göttern; *kami* im Kontext zu deuten als a) Donner(gott)/Gewitter, b) Götter, c) (Drachen)gott; die Differenzierung des gleichlautenden a und b ist im deutschen Text nicht möglich; (gleich kommt noch ein Gott der Steuerleute, also eine Art Schutzheiliger); eine Art Rätsel's Lösung bietet Nr. 6.4: der Drache gehört nämlich zu den Donnergöttern!; hier in der musel-manischen Variante: bete zu meinem Gott!

[160] Gott der Steuerleute; nicht allgemein: mein Gott, sondern von diesen speziell verehrter Gott/Schutzheiliger; hier sprachlich angepaßt: Schiffsleute (no Finanzamt)

[161] (weit entfernt) leuchteten noch Blitze auf; Naumann korrekt nordisch: Es wetterleuchtete; Donnerwetter!

[162] im nächsten Abschnitt erfahren wir: Der Drache gehört zur Gattung der Donnergötter

[163] hörte nicht, was er sagte; ergänze: so erschöpft war er

[164] Strand von Akashi im (Kuni) Harima; in der heutigen Präfektur Hyôgo, an der Seto-Binnensee

Der Oberkabinettsrat, in dem Glauben, es habe sie an eine Küste der Südmeere verschlagen, seufzte leidvoll auf seinem Lager.

Die Männer vom Schiff gaben der Obrigkeit[165] Bescheid und sogleich kam ein Provinzialbeamter[166] und besuchte sie, doch [der Oberkabinettsrat] war unfähig, sich zu erheben und blieb auf dem Boden des Schiffes liegen.

Man breitete Strohmatten unter den Kiefern am Strand[167] aus und trug ihn vom Schiff.

Als der Oberkabinettsrat bemerkte, daß sie sich nicht an einem Gestade der südlichen Meere befanden, richtete er sich mühsam auf und man sah, daß sein für Erkältungen anfälliger Leib[168] ganz aufgedunsen war und ihm unter beiden Augen[169] die geschwollenen Tränensäcke wie zwei Pflaumen[170] hingen.

Da mußte auch der Provinzialbeamte lächeln.

Er gab seinen Beamten den Befehl, eine Sänfte herbeizuschaffen,[171] auf der man den stöhnenden Oberkabinettsrat nach Hause trug; seine Männer, die irgendwie davon erfahren hatten, fanden sich ein und sprachen:

---

[165] als sie der Obrigkeit Bescheid gaben; *kuni* hier identisch mit: Regierung, Obrigkeit bzw. dem folgenden *kuni no tsukasa* Provinzial/Regierungsbeamter
[166] ein (hoher) Beamter (nicht Naumanns: Provinzstatthalter)
[167] Kiefernebene; frei im Kontext: unter den oben am Strand wachsenden Kiefern; Naumann: Kiefernheide (?; eine Heide zeichnet sich durch die Abwesenheit von Bäumen aus; Sandboden stimmt)
[168] ein erkältungsanfälliger Mann; wörtlicher: wenn schon erkältet, dann richtig
[169] an diesem und jenem Auge = an beiden Augen
[170] als wären (unter beiden Augen) Pflaumen befestigt; frei: unter beiden Augen die geschwollenen Tränensäcke wie zwei Pflaumen hingen; *sumomo* Pflaume, *prunus domestica*; Metapher für rote, aufgequollene Augen
[171] der (Regierungsbeamte) ließ eine Sänfte bauen, frei: herbeischaffen; Subjekt ist der Regierungsbeamte (nicht Naumanns: der Oberkabinettsrat ließ [sich]...); Sänfte *tagoshi*; auf Hüfthöhe mit den Händen getragene Sänfte; weniger Naumanns: Tragbahre; (sitzen kann er wohl schon, nur nicht laufen), vgl. *mikoshi:* Sänfte für (nämlich: sitzende) Shintô-Götter

„Da wir den Edelstein nicht bekommen haben, konnten wir auch nicht in den Palast kommen. Wir sind gekommen, weil ihr ja nun wohl wißt, wie schwer es ist, den Stein zu erlangen und uns nun wohl nicht mehr strafen werdet.“

Der Oberkabinettsrat erhob sich vom Lager, setzte sich nieder[172] und sprach zu den Männern: „Gut, daß ihr ihn nicht mitgebracht habt! Der Drache gehört nämlich zur Gattung der Donnergötter.

Damit, daß ich den Stein haben wollte, habe ich eine Menge Leute in Gefahr gebracht.

Selbst wenn ich den Drachen gefangen hätte – ich wäre mir nichts dir nichts getötet worden.

Wie gut, daß ich ihn nicht gefangen habe!

Diese abgefeimte[173] Kaguyahime wollte mich umbringen!

Nie mehr gehe ich auch nur in die Nähe ihres Hauses.

Und ihr, Männer, laßt euch da auch nicht mehr blicken,[174] klar?“ So sprach der Oberkabinettsrat und schenkte die restlichen in seinem Hause verbliebenen Güter jenen Männer, die ihm den Edelstein vom Hals des Drachen nicht gebracht hatten.

---

[172] stand auf/erhob sich (vom Lager) und setzte sich nieder; (demnach hatte er sich vorher aus Schwäche niedergelegt); *wiru* ist kein Zustandsverb (Naumann: hatte sich erhoben und sprach), sondern = *suwaru* sitzen/setzen; der Oberkabinettsrat erhebt sich also vom Lager und setzt sich dann vor seinen Männern nieder, die sitzen auch – so die japanische Szenerie

[173] diese Schurkin/Ganovin/Bübin Kaguyahime; Neodeutsch: diese Schlampe! Schimpfwort: *ohonusubito* großer Räuber, hier offenbar als Breitband-Schimpfwort im Sinne von: Halunke, Schurke etc. verwendet (Naumann wie immer wörtlich genau: Erzgaunerin, beachte: Erz = groß = *oho*); die Subjektpartikel *ga* dient hier der pejorativen Verstärkung, ebenso wie die Beschimpfung weiter verstärkt wird durch das pejorativ gemeinte *yatsu*: die Liebe ist erwacht und reibt sich die Augen! Zitieren wir zum Vergleich nicht aus den *Kopfkissenheften der* (japanischen Hofdame) *Sei Shônagon*, sondern aus dem *Liederbuch der* (deutschen Hofdame) *Clara Hätzerlin* (1470): (Diese) Abgefaymbte, Bübische, Czuspringerin...

Als sie davon erfuhren, platzten seine abgelegten bisherigen Ehefrauen schier vor Lachen.[175]

Die bunten Bänder, die das Dach zierten, waren derweil von Weihen und Rabenkrähen für den Nestbau herausgezupft worden.[176]

Die Leute sprachen untereinander: "Hat der Oberkabinettsrat Ôtomo nicht den Edelstein vom Halse des Drachen bekommen?"

"Nein, keineswegs. Aber unter seinen Augen hängen zwei Pflaumen fast wie Edelsteine."

„Ach, sicher schwer zu verspeisen."

Seitdem spricht man von: *ana tahegata,* (schwer zu essen, aber auch: schwer zu ertragen), wenn ein Wunsch nicht in Erfüllung geht.

7. DIE KOYASU-MUSCHEL DER SCHWALBE

(Die Geschichte des Mittleren Kabinettsrats Isonokami) [177]

---

[174] ihr Männer lauft mir da nicht mehr herum, frei: laßt euch da nicht mehr blicken

[175] als sie dies hörten, bogen sich seine (abgelegten) bisherigen Ehefrauen vor Lachen; das Ende vom Lied, das in 6.2 noch so optimistisch begann mit: er trennte sich von seinen (wohl älteren) bisherigen Frauen; Frau eines Adeligen (Bezeichnung nach der Lage ihres Aufenthaltsraumes), auch: ältere Frau (insofern: seine, -n Alte, -n)

[176] die bunten Bänder, mit denen das Dach gedeckt (geschmückt) war, wurden inzwischen von Weihen, Rabenkrähen etc. ausgezupft und für den Nestbau verwendet; „protoästhetisch" kamen Verhaltensforschern Vögel vor, wenn sie – nicht nur zur Paarungszeit – ihre Nester mit Blüten schmückten, heute geht man davon aus, das es sich um eine homöopathische Präventivmaßnahme gegen Bakterien handelt: Protoantibiose; auch hier kein Hinweis im Text, daß es sich bei dem Dachschmuck *ito* um Naumanns: bunte Halme handelt, vgl. 6.2: ließ (das Dach) mit gefärbten Bändern verschieden(=bunt)farbig decken

[177] die Koyasu-Muschel der Schwalbe; diese zu den Kauri-Muscheln zählende Art gilt im Volksglauben als Amulett für leichtes Gebären (*koyasu* leichte = glatte Geburt) (Assoziation der Muschelgestalt mit dem weiblichen Geschlechtsteil? Vgl. die Abbildung am Ende des Bandes): wenn die Wehen einsetzen, muß die Frau die Muschel fest in der Faust halten und den Atem pressen; *NKBT* 9, 33, bemerkt: die Beziehung zur Schwalbe ist unklar; aus dem folgenden Text ergibt sich, daß die Muschel sich im Bauch der Schwalbe befindet und von dieser geboren werden muß (s.u.:…in ihrem Bauch befindet sich nichts; vgl. hierzu 7.2: lassen dann ihre Eier fallen (und zusammen mit diesen die Koyasu-Muschel); Mitani, 1964: 35, weist darauf hin, daß „Schwalbe und Muschel eine mystische Kraft in Bezug auf den Zeugungsakt" zugesprochen wird und sie in dieser Symbolik gemeinsam auftauchen. Somit wäre auch

7.1

Als der Mittlere Kabinettsrat Isonokami no Marutari den Vasallen in seinem Hause sagte: „Gebt mir Bescheid, wenn die Schwalben mit dem Nestbau beginnen", fragten die Männer, nachdem sie seinen Befehl vernommen hatten: „Wozu dient euch das?"

Der Oberkabinettsrat sprach: „Um an die Koyasu-Muschel der Schwalbe zu gelangen."

Worauf die Männer antworteten: „Wie viele Schwalben ihr auch tötet, in ihrem Bauch befindet sich nichts.

Wenn sie jedoch Eier legen, bringen sie da etwas hervor,[178] das aber sofort verschwindet, wenn ein Mensch es erblickt."[179]
Und andere sagten: "Die Schwalben bauen in jeder Höhlung unter den Dachlatten[180] an den äußeren Dachsparren der Reisküche des Palastvorratsamtes[181] ihre Nester.

Nehmt einige zuverlässige Männer, laßt sie dorthin gehen, ein Gerüst errichten[182] und sich oben auf die Lauer setzen – eine der vielen Schwalben muß ja wohl Eier legen.[183] Dann könnt ihr [die Männer die Muschel] an sich bringen lassen."

---

auf den männlichen erotischen Aspekt angespielt und es scheint mir günstiger von: *Koyasu-Muschel der Schwalbe* zu sprechen, um dieses erotisch-mystischen Assoziationen (Kleists „Unterleibsregungen") zu bewahren; Naumann: Muschel für leichtes Gebären; beachte noch die alte Bezeichnung für Schwalbe: *tsuba + kura + me* etwa: Spucke(nest)bauerin

[178] wenn sie aber Eier legen, a) müssen sie sie hervorbringen, nur dann ... b) bringen sie irgendwie (etwas) hervor, das nennt man...; unterschiedliche Interpretation je nach Weiterführung, hier Kombination aus a und b

[179] erblickt sie aber ein Mensch, verschwindet sie (a: die Muschel b: die Schwalbe) gleich; dreifache Interpretation der Stelle: a) erblickt ein Mensch die Muschel, verschwindet sie, b) erblickt ein Mensch die Schwalbe (beim Gebären) fliegt sie davon, oder: c) legt sie keine Eier

[180] wohl: in den Höhlungen unter den Dachlatten (an den äußeren Dachsparren); auch diese Stelle ist ungeklärt, *gushinakama* den Dachdeckerkollegen, der von der anderen Seite aufdeckt; beim Zusammentreffen auf dem Dachfirst, werden Geldgeschenke getauscht (Mitani, 1965: 103); *NKBT* 9: 50 verweist ebenfalls auf Mitani, nimmt ihn aber in Anspruch für die Interpretation von: *tsushi* mit Bambusmatten abgedeckter Dachboden, der als Abstellraum verwendet [und bei mir demnächst ausgebaut] wird

[181] Palastvorratsamt; Behörde des Palastamtes, Sammelstelle (Scheuer) für aus dem ganzen Land eingelagerten Reis, Getreide etc., zuständig für dessen Abgabe zu Festlichkeiten etc., vgl. 7.3: dreifüßiger Yashima-(Bronze)kessel

[182] ein Gerüst bauen und hinaufsteigen lassen; frei: (in der Höhe) ein Podest (bauen) und sich hinsetzen; im Kontext: einen Hochsitz errichten und sich dorthin auf die Lauer (eben☺:) *setzen*; *agura* hier in der Bedeutung: (Bau)Gerüst/modern: Arbeitsplattform

Der Oberkabinettsrat freute sich: „Das ist ja witzig.[184] Davon habe ich gar nichts gewußt. Sehr interessant, was ihr mir da erzählt." Er schickte zwanzig zuverlässige Männer, die oben auf dem Gerüst Platz nahmen.[185]

Ständig sandte er den Boten und ließ nachfragen. „Habt ihr die Koyasu-Muschel schon?"

Die Schwalben fürchteten sich vor den in großer Zahl heraufsteigender Männern und kamen nicht zu ihren Nestern.

Als man dem Mittleren Kabinettsrat davon Mitteilung machte [186] und man hin und her überlegte, wie man es wohl anstellen müsse, kam ein Beamter eben jenes Palastvorratsamtes, ein alter Mann namens Kuratsumaro, zu ihm und sagte: „Wenn Ihr die Koyasu-Muschel an Euch bringen wollt, hätte ich da eine Idee"; der Mittlere Kabinettsrat ließ ihn vor sich Platz nehmen [187] und beide steckten die Köpfe zusammen.

---

[183] die Schwalbe hat die Muschel (als Symbol für leichte Geburt) beim Eierlegen dabei; ungeklärte Stelle mit zahlreichen ebenso ungeklärten Textvarianten: das nennt man *harakuru* (?) etc.; obiger Text folgt der Naumannschen Interpretation

[184] interessant, was ihr mir da sagt; schwer zu differenzieren das japanische *omoshiroi* (wie wäre es mit: witzig) zum sinojapanischen *kyô aru* (interessant); Naumann hilft sich mit: merkwürdig...wichtig

[185] ließ sie ihren Platz (auf dem Gerüst) einnehmen *ananahi* (Bau)Gerüst, identisch mit *agura* = unser (Hoch)sitz, oder: Arbeitsplattform; Naumann hat's mit Stadtmauereroberung bzw. den 40 getreuen Samurai: 20 Männer an (demnach 20?) Leitern in die Höhe bringen und Stellung beziehen (auf der Leiter sitzt *wiru* man schlecht, sonst geht *Leiter* für *agura* und *ananahi* in Ordnung)

[186] als man (dem Oberkabinettsrat) davon Mitteilung machte; = vorangehender Sachverhalt, daß die Schwalben nicht mehr zu den Nestern fliegen

[187] hier: setzte sich ihm (zu einem vertraulichen Gespräch direkt) gegenüber, im Kontext: = ließ ihn sich gegenüber Platz nehmen; Naumann: wandte sich der Mittlere Kabinettsrat ihm zu, scheint zunächst wörtlich korrekt, doch findet die ganze Verhandlung wiederum im Sitzen statt, der alte Mann bewegt sich zum Mittleren Kabinettsrat und setzt sich folglich (direkt) vor diesen hin zu einem intimen Gespräch

7.2

Kuratsumaro sagte: "Nach schlechtem Plan wollt Ihr den Schwalben die Koyasu-Muschel wegnehmen."

So werdet ihr sie nicht bekommen.

Wenn sich zwanzig Mann unter viel Aufhebens auf dem Gerüst tummeln,[188] sind die Schwalben verstört und kommen nicht zu ihren Nestern.

Folgendermaßen müßt ihr es anstellen: Das Gerüst entfernen und die Männer zurückziehen, einen einzigen treuen Mann[189] in einen großen groben Korb[190] setzen, daran ein Seil befestigen, dann, während die Schwalbe Eier legt, plötzlich den Korb hochziehen und den Mann die Koyasu-Muschel ergreifen lassen – so sollte es gelingen."

 Der Mittlere Kabinettsrat antwortete: „Eine großartige Idee!", er ließ das Gerüst entfernen und die Männer kehrten nach Haus zurück.

Dann fragte er Kuratsumaro: „Woher weiß ich nun aber, wann die Schwalbe Eier legt und ich den Mann hochziehen muß?"

Kuratsumaro sprach: „Wenn die Schwalben soweit sind, Eier zu legen, heben sie den Schwanz, drehen sich siebenmal um sich selbst und lassen dann ihre Eier fallen [und zusammen mit diesen die Koyasu-Muschel].

---

[188] wenn zwanzig Mann a) unter großem Getöse auf das Gerüst steigen, b) sich unter viel Aufhebens auf dem Gerüst tummeln; großspurig, frei: unter viel Aufhebens (bezieht sich auf den übertriebenen Maßstab; Naumann perfekt: einfach zuviel des Guten); ungesichert scheint mir: *noborite* a) Andauer: hinaufsteigen, b) Zustand: aufgestiegen sind (und wieder: sitzen); Naumann wie oben: auf Leitern steigen (20 Mann mit 20 Leitern?); gleich folgt (das zugefügte): Leitern abbrechen, womit die Fehlinterpretation deutlich wird

[189] einen treuen/ergebenen Mann; vgl. oben; Naumann wieder: einen kräftigen Menschen (den man aber für die Schwalbenmuschel sicher nicht braucht)

[190] grobgeflochtenen Korb; also: ein großer starker Korb (der einen ausgewachsenen Mann tragen kann); Naumann – danke – richtig: in einen groben Korb setzen (die Szene beobachten Sie in dem meisterlichen Film *Suna no onna*, 1964, von Teshigawara Hiroshi, Musik: Takemitsu Tôru)

Wenn sich also eine Schwalbe siebenmal um sich selbst dreht, zieht ihr den Mann hoch und laßt ihn die Muschel an sich bringen."

Der Mittlere Kabinettsrat freute sich, ging, ohne es andere wissen zu lassen, heimlich in jenes Palastamt, mischte sich unter die Männer und hieß diese, unablässig Tag und Nacht nach der Muschel zu trachten.

Was Kuratsumaro da gesagt hatte, erfüllte ihn mit größter Freude, und er sprach: „Wie ich mich freue, daß du meinen Wunsch erfüllst, obwohl du doch keiner von meinen Dienstleuten bist!" Er zog sein Gewand aus, legte es ihm als Geschenk über die Schulter[191]...

...und er entließ ihn mit den Worten: „Komm bei Nacht wieder zum Palastamt."

7.3

Nachdem die Sonne untergegangen war, begab sich [der Mittlere Kabinettsrat] in das Palastamt und sah, daß die Schwalben wirklich Nester gebaut hatten.

Wie Kuratsumaro es ihm gesagt hatte, ließ er, sobald [eine Schwalbe den Schwanz hob und sich] um sich selbst drehte, einen Mann in einen groben Korb steigen und in die Höhe ziehen, damit dieser die Hand in das Schwalbennest steckte und suchte, doch der Mann sagte: „Da ist nichts", worauf der Mittlere Kabinettsrat ärgerlich entgegnete: „Freilich ist da nichts, wenn einer ungeschickt sucht",...

...„Wer könnte das sonst wohl schon – ich muß also selbst hinaufklettern und suchen"; er stieg in den Korb, wurde hinaufgezogen und wartete; sowie eine Schwalbe den Schwanz hob und sich heftig um sich selbst drehte, streckte er die Hand aus und suchte, und als er auf einen flachen Gegenstand stieß, rief er aus: „Ich hab' etwas! Schnell, laßt mich herunter! Alter,[192] ich hab's geschafft!"; die

---

[191] er zog sein (Ober)gewand aus und legte es ihm (als Geschenk) über die Schulter; das Gewand eines Adeligen wird von diesem als Anerkennung/Dankgeschenk einem Untergebenen über die linke Schulter gelegt

[192] Alter, es ist gelungen/ich hab's geschafft; ungesicherte Stelle; a) Selbstbezeichnung: Großvater = Ich habe es geschafft b) Großvater = Kuratsumaro hat es geschafft (= mir einen guten Rat gegeben, vgl. *NKBT* 9: 74); vielfache Textvarianten; Naumanns diplomatische Lösung: Alter, es ist gelungen; ich bevorzuge wie immer die witzige Variante: Heian-zeitlicher Neo-Speak: Hey, Alter...!; denn nichts ändert sich wirklich!

Männer kamen zusammen und wollten ihn schnell herunterlassen, hatten dabei aber wohl zu stark am Seil gezogen, denn dieses riß, und im gleichen Augenblick schlug der Mittlere Kabinettsrat rücklings auf einen dreifüßigen Yashima-Feuerkessel.[193]

Bestürzt liefen sie herbei und nahmen ihn in die Arme.

Der Kabinettsrat hatte die Augen verdreht,[194] daß man das Weiße sah, und lag [bewußtlos][195] da.

Man holte Wasser und flößte es ihm ein.

Als er endlich wieder zu Atem kam, trug man ihn an Händen und Füßen vom Kessel herunter und legte ihn auf den Boden.

Als endlich jemand den Mut hatte,[196] zu fragen: „Wie geht es Euch?" antwortete der Mittlere Kabinettsrat schwer atmend:[197] „Ich bin zwar etwas bei mir,[198] kann mich aber nicht bewegen.[199] Doch ich bin froh, daß es mir gelungen ist, die Koyasu-Muschel zu erwischen.…

---

[193] dreifüßiger Yashima-(Bronze)kessel; Yashima-Dreifuß: einer der acht alten dreifüßigen Kessel im Palastvorratsamt, in denen der Feuergott der Acht Säulen verehrt wurde, die mythischen Stützen der acht Himmelsgegenden, daher auch: Gott der Großen Acht (Feuer)kessel; *Yashima* Acht Inseln bzw. *Ôyashima* Große Acht Inseln steht als Synonym für: Japan; modern bißchen zurückgestuft auf die Rolle einer „Küchengottheit" (*kamadogami* Gott des Herd(feuers))

[194] das Weiß der Augen war zu sehen = er hatte die Augen verdreht = er war bewußtlos

[195] er lag (ohnmächtig, bewußtlos) da

[196] endlich (sich getrauten, den vermeintlich Schwerverletzten) zu fragen

[197] schwer/mühsam atmend, mit stockender Stimme etc.

[198] bin (immerhin) ein wenig bei mir, frei: denken kann ich ein wenig, aber...; (geht mir meistensimmer Mo so; Ihnen auch??!!) – Pause)

[199] ich kann mich (die Beine etc.) nicht bewegen; die Stelle scheint medizinisch undeutlich; *koshi* ist eine vage Bezeichnung für den gesamten Lendenbereich, unser: Kreuz; Naumann: meine Hüfte kann ich nicht bewegen etc. geht schon technisch nicht; Hüftreißen ist ein volkstümlicher Ausdruck für Ischias, d.h. in die Hüfte und weiter in die Beine ausstrahlende Bandscheibenbeschwerden aufgrund einer Verschiebung der Lendenwirbel; unseren Rat hat es einfach derart aufs Kreuz geschlagen (erinnere: mit dem Gesicht nach oben), daß er jetzt erst einmal – mindestens von der Lende abwärts – gelähmt ist; beim folgenden: habe mir das Kreuz gebrochen, (bei Naumann: Hüftbruch) dürfte (wenn überhaupt wörtlich gemeint) es sich eher um einen Wirbelbruch handeln, der ist durch Abliegen – mit viel Gück im Unglück – auch ohne Medizinmann reparabel, ein Becken oder Oberschenkelhalsbruch nicht (dazu kommen innere Verletzungen – der Mann stirbt gleich); Textvariante

…Zündet erst einmal ein Licht an![200] Ich muß mir die Muschel ansehen." Er hob den Kopf[201] und öffnete seine Hand, doch was er ergriffen hatte, war alter Schwalbenkot.[202]

Als er dies sah, meinte er: „Ah, was für eine wertlose Tat, ohne Muschel!"[203] und seitdem spricht man in der Welt von *kai nashi* („ohne Wert" bzw. „ohne Muschel"), wenn jemandes Erwartungen enttäuscht werden.

Als er sah, daß es nicht die Muschel war, schlug auch seine Stimmung um: es gab nun nichts mehr in den chinesischen Kasten zu legen.[204]

---

[200] zündet ein Licht/eine Kienspanfackel an; (Achtung, kein: Spanferkel); laut Mitani, 1964, 112 auch: *shisoku* Licht aus ölgetränktem, fest zusammengedrehten und entzündeten Stoff oder Papier; *NKBT* 9, 52: Kie(fer)nspan, dessen harziges Ende in Brand gesetzt wird; *Kôjien* stützt *NKBT*: Verweis auf Lesung *shisoku*: zeremonielle Beleuchtung am japanischen Hof; ca. 35 cm langer Kiefernstab, dessen unteres Ende mit Papier umwickelt, dessen oberes Ende mit Holzkohle geschwärzt, mit Öl getränkt und angezündet aufgesteckt wird; Naumann: Kienspan*kerze*; um die Unsicherheit zu umgehen schlage ich vor: ein Licht

[201] er hob den Kopf; bedenke: er ist ansonsten bewegungsunfähig; die HWS scheint nicht betroffen

[202] von den Schwalben hinterlassener alter Kot; Textvariante: ohne: alt; *maru* altes Wort für: pinkeln bzw. scheißen (sorry für Stilebene; die Alten sind immer sehr direkt), nominalisiert: *mari* (bul)shit; vgl. das vulgäre Spaßlied *Manyôshû* 3832: *kuso tohoku mare* (im Kontext etwa:) scheiß hier nicht irgendwo hin…

[203] Ach, was für eine wertlose Tat (ohne Muschel); wiederum ein Wortspiel mit Doppelbedeutung (*Kakekotoba*) als effektvoller Abschluß; Naumann ganz étepitéte: Ach, eine Tat ohne Erfolg; Plattdeutsch wäre hier schön: so'n Schit!; die Interjektion *ana* (entspricht nämlich der neo-Deutschen Interjektion: Schit!); *kahina* (Stamm des Adjektivs *kahinashi* a) wertlos , uminterpretiert in b) *kahi nashi* ohne Muschel; vgl. auch die Wiederaufnahme des Spielchens im abschließenden Satz 7.4: einen kleinen Erfolg nennt man seitdem: *kahi* a) Wert b) Muschel *aru* haben

[204] hatte nichts mehr (wörtl.: konnte nichts mehr) in den chinesischen Kasten zu legen; *karabitsu* „chinesischer Kasten", sechsfüßiger chinesischer Kasten; der Deckel dient üblicherweise dem Überreichen von Geschenken; (NB.: wieso sagen wir: „Ich hab nichts auf dem Kasten"? = Ich habe leider dein Geschenk vergessen??); ahinter verbirgt sich ebenfalls ein Wortspiel: er konnte nicht/hatte nichts in den Kasten zu legen a) die nicht erlangte Muschel b) den (wie oben erläutert:) nicht mehr sehr biegsamen Mann mit dem „gebrochenen Rücken"; vielfache Textvarianten, die auch als Erläuterungen der Stelle interpretiert werden; Naumann beläßt es beim scheinbar wörtlichen, aber unverständlichen (weil wieder technisch machbaren): nichts in den Truhendeckel zu legen;
NKBT 9: 74, enthält eine längere Anmerkung zu der nicht sicher geklärten Stelle: 1. plötzliches Auftauchen des Kastens als Parallelbildung zum obigen: er legte den Edelsteinzweig in einen länglichen Kasten: um ein Geschenk zu überbringen, ist ein Kasten vonnöten; 2. für eine winzige Muschel aber nicht schlüssig; ebenso ist es merkwürdig anzunehmen [aus welcher Neo-Sprache stammt dies?], daß man von vornherein vorhatte, den Kabinettsrat im Kasten zu transportieren; 3. könnte man aus der Not eine Tugend gemacht haben: rasch herbeigeschaffte Krankentransportkiste; weiterer Interpretationsvorschlag 4. hinter der Textvariante: *karabitsu no futa no irerareru etc.* verbirgt sich *no* = *no gotoku* wie in einen Kasten(deckel); betrachtet man nun den: Deckel *futa* eines chinesischen Kastens als eine Art hinführendes Beiwort *Makurakotoba* zu: einen Körper hineinlegen, wäre die Phrase eine Metapher auf den gebrochenen Rücken, der: (nicht mehr gebogen) und in einen Kasten gelegt werden kann

Dafür hat er sich das Kreuz gebrochen.[205]

7.4

Der Mittlere Kabinettsrat sorgte dafür, daß die Leute nicht erfuhren, daß er sich in einer törichten Aktion[206] verletzt hatte, doch machte dies seinen Zustand nur noch schlimmer.

Von Tag zu Tag dachte er mehr und mehr nicht daran, daß es ihm nicht gelungen war, die Muschel an sich zu bringen, sondern immer nur, daß man über ihn lachen würde, weniger an seinen Tod infolge der Verletzung, als daran, wie schändlich er in den Augen der Menschen dastand.

Als Kaguyahime davon hörte, schickte sie ihm zum Trost ein Lied:

Ist es wahr daß /
die Sumi-Bucht[207] / lange nicht / von den Wellen überspült wurde[208] /
   [du der du lange nicht bei mir warst]
und ihre Kiefern keinen Wert haben?[209]
   [die Muschel nicht hast und es sinnlos ist, zu warten?]

Er ließ es sich vorlesen, hob, schwach wie er war, ein wenig den Kopf, ließ sich Papier bringen und schrieb folgendes Antwortlied:

Es hatte doch Wert,[210] sich zu quälen / auch wenn ich nicht die Muschel erlangte /

---

[205] (denn) er hatte sich das Kreuz bzw. „den Rücken" (technisch: einen bzw. mehrere Wirbel) gebrochen; und eben nicht: „die Hüfte" s.o.; und das ganze auch noch abschließend mit lyrischer Emphase: *keri₃* (*perf,* lyrische Emphase); der Autor hat das alles übrigens selbst ausprobiert, denn probieren geht allemal vor studieren...

[206] etwas Dummes (Albernes/Unüberlegtes/Lächerliches) angestellt; ungeklärte Stelle; vgl. *NKBT* 9: 53 u. 74, Mitani 1964: 115

[207] Sumi-Bucht; heute Osaka, Sumiyoshi-ku; vgl. *Kokinshû,* XII/559, Fujiwara no Toshiyuki no Ason:
   Wenn die Wogen / ans Ufer der Sumiyoshi-Bucht drängen bei Nacht / warum fürchtest du selbst im
   Traum / auf dem Weg zur Geliebten / die Blicke der Menschen

[208] a) überspülten die Wellen nicht die Bucht von Sumi = b) bist du nicht zu mir gekommen

[209] *Kakekotoba: matsu kahi nashi* a) haben die Kiefern der Bucht von Suminoe keinen Wert, b) 1. hat es keinen Sinn zu warten 2. hast du die Muschel nicht = warte ich vergeblich auf die Muschel

[210] so hatte es doch Wert (obwohl du schreibst: es gab keine Muschel und hatte keinen Wert *kahi nashi*); zwar *Kakekotoba kahi*(Muschel sowie -löffel/Wert); (Adversativ, auch hervorhebend): obwohl es doch Sinn (Wert) hatte (zu: sich so zu quälen), ergänze: da ich schließlich diesen Brief (von dir) erhalten habe; Antwort auf die Bemerkung Kaguyahimes *matsu kahi nashi* es gibt keine Muschel und hat keinen Sinn

nur warum schöpfst du nicht mit dem Muschellöffel / rettest mein endendes Leben [und wirst meine Frau]?[211]

Damit verschied er.

Als Kaguyahime davon hörte, tat er ihr [nun aber doch] ein wenig leid.[212]

Seitdem sagt man, wenn jemand wenigstens ein bißchen Erfolg hat: *kai ari* (das heißt „Muschel haben" aber auch „Wert haben").[213]

8. DAS WERBEN DES KAISERS
[oder: DIE KAISERLICHE JAGD][214]

8.1

Nun hatte der Mikado[215] vernommen, daß Kaguyahime von Gestalt so schön sei wie sonst keine auf der Welt, und er sagte zu der Hofbeamtin Nakatomi no Fusako:[216] „Geh einmal hin und schau, was diese Kaguyahime, die das Leben so

---

(Wert) zu warten; beachte die Textvariante: Zwar gab es keine Muschel, doch...; in der Übertragung folge ich dieser Variante

[211] warum schöpfst du nicht mit dem Muschellöffel und rettest mein endends Leben (ergänze: indem du meine Frau wirst); *kahi* in der Bedeutung: Muschel(löffel) ist hier mitgedacht, repräsentiert durch das *Engo* Assoziationswort *sukufu* , dies seinerseits *Kakekotoba*: a) schöpfen, b) retten; Interjektion: warum nicht?

[212] tat [es/(im Kontext feuriger:) er] ihr ein wenig leid; man beachte die minimale Herzgröße unserer jungfräulichen Prinzessin, die es nun mal nicht mit Männern hat; Vorsicht: so cool sind sie auch heute!

[213] es gibt eine Muschel/hat Wert; bezieht sich auf das *Kakekotoba* (keine) Muschel/(keinen) Wert *kahi* aus 7.3

[214] so die Kapitelüberschrift bei Mitani, 1964: 116; in *NKBT* 9: 53 heißt das achte Kapitel schlicht „Das Werben des Kaisers". *Miyuki* (Ausfahrt, Ausgehen des Kaisers) bezieht sich auf 8.3: die Kaiserliche Jagd (hier: auf die Prinzessin, s.u.)

[215] vernahm der Mikado/Kaiser; einer der seltenen Fälle der japanischen Klassischen Literatur für die Verwendung des uns so geläufigen Titels *Mikado*, „erlauchtes Tor" = Kaiser, , abgeleitet von „Tor des Kaiserpalastes", indirekte Anrede für den Tennô; vgl. *Makuranosôshi* Nr. 22 „Häuser": [Reizvolle] Gebäude: Das Tor (*mikado*) der Palastgarde [zur Linken]; aus stilistischen Gründen (und um dem Deutschsprachler den veralteten Japan-Begriff abzugewöhnen) verwende ich *Mikado* jedoch nur hier; im folgenden jeweils: Kaiser

[216] Nakatomi no Fusako, Eigenname einer Hofdame; das Geschlecht der Nakatomi galt als Abkömmling der Gottheit *Amenokoyane no mikoto*, somit oblag ihm der Shintô-Kult; auch nach Aufblühen des Buddhismus versahen sie weiter die höchsten Shintô-Ämter in der Regierung; vgl. *Nakatomi no harae* „Großer Exorzismus"

vieler Männer zunichte gemacht[217] hat ohne sich einem zu verbinden, für eine Frau ist."

Fusako gehorchte und ging zum Hause des Bambussammlers.

Der Bambussammler empfing sie voller Ehrfurcht, bat sie herein und [die alte Frau] sprach mit ihr.

Die Hofbeamtin sagte zu der alten Frau: „Der Kaiser sprach, Kaguyahime solle von sehr schöner Gestalt sein und er trug mir auf nachzusehen, ob dies so sei." Da sagte die alte Frau: „Dann will ich es ihr sagen", und ging in die hinteren Räume.[218]

Als sie Kaguyahime aufforderte: „Schnell, stelle dich der Abgesandten des Kaisers vor!", meinte Kaguyahime: „Ich bin doch nicht schön – wie könnte ich mich sehen lassen!", worauf die alte Frau sagte: „So ein Unsinn! Wie kann man denn die Abgesandte des Kaisers mißachten!", doch Kaguyahime antwortete: „Was der Kaiser da in seinem Palast von sich gibt,[219] interessiert mich gar nicht",[220] und sie war auf keinen Fall bereit, die Botin zu treffen.

Zwar war Kaguyahime wie ihr eigenes Kind, doch vermochte die alte Frau nicht, ihr Vorhaltungen zu machen, als sie so zurückhaltend und abweisend sprach.[221]

Sie ging zu der Hofdame zurück und sagte: „Es tut mir leid, aber dieses junge Ding[222] ist ganz starrköpfig, sie will euch nicht gegenübertreten."

---

[217] zunichte machen = das Leben gekostet hat; nicht Naumann: sinnlos zunichte gemacht (zunichte ist ausreichend sinnlos)

[218] (die alte Frau) ging in die (hinteren Räume,) (in denen sich die Prinzessin aufhielt/in das Zimmer der Prinzessin); nicht Naumann: und ging hinaus; vgl. die ähnliche Stelle 4.4: sie verschwand im Berg

[219] was der Kaiser da in seinem Palast anordnet (flapsiges: erzählt/von sich gibt)

[220] empfinde keine Ehrfurcht, weiter flapsig: interessiert mich überhaupt nicht

[221] da (die Prinzessin) so zurückhaltend etc.; die Großmutter versetzt sich in die Lage der Kaguyahime; nicht Naumann: fühlte sich die alte Frau befangen

[222] dieses Kind/Naumann: junge Ding; bescheidene Bezeichnung der Kaguyahime gegenüber der Botin

Als die Hofdame nun sagte: „Wie könnte ich zurückkehren ohne sie getroffen zu haben, wo mir doch ausdrücklich befohlen[223] wurde, sie mir anzusehen.

Wie sollte es möglich sein, daß ein Bewohner dieses Landes[224] den Befehl des Herrschers mißachtet?[225] Sie soll sich nicht so haben!"[226]

Als Kaguyahime hörte, wie [die Hofdame] mit solch heftigen Worten die alte Frau beschämte, wurde sie noch störrischer[227] und sagte:

„Wenn ich damit dem Befehl des Herrschers zuwiderhandle,[228] soll sie mich doch auf der Stelle töten".[229]

8.2

Die Hofdame kehrte zurück und berichtete, was sich zugetragen hatte.
Der Kaiser nahm es zur Kenntnis, sagte: „Da hast du das gefährliche Herz, das so viele Männer getötet hat",[230] und suchte auf Kaguyahime zu verzichten, doch konnte er sie nicht vergessen und dachte bei sich: „Soll ich mich etwa den Listen einer Frau[231] geschlagen geben?"; [so befahl er den alten Bambussammler zu sich] und sprach:

„Bringe mir deine Kaguyahime.[232] Ich habe gehört, sie habe ein schönes Gesicht und eine gute Figur, und habe eine Botin geschickt,[233] aber es war umsonst, sie hat sich nicht blicken lassen. Ist denn so etwas ein Benehmen?"

---

[223] gemäß dem Befehl = den Worten des Kaisers

[224] jemand, der in dieser Welt lebt, frei: ein Bewohner dieses Landes

[225] Naumann interpretiert *adv* zum folgenden: <u>geradewegs</u> einen Befehl des Herrschers <u>mißachtet</u>

[226] etwas Unmögliches (= tun), frei und platt: Sie soll sich (mal) nicht so anstellen/haben

[227] da hörte Kaguyahime erst recht nicht = wurde erst recht stur

[228] wenn ich (hiermit dem Befehl des Kaisers) zuwiderhandle; bezeichnet keine hypothetische, in der Zukunft liegende Handlung, sondern den realen Konditional

[229] tötet mich doch auf der Stelle

[230] das ist (frei: da hast du) das (böse, gefährliche) Herz, das so viele Menschen (= Männer) tötete

[231] soll ich mich etwa den Listen dieser (frei: einer, oder: allgemein schwäbisches: der) Frau geschlagen geben; vgl. 4.1: ein Ränkeschmied, listig...

[232] bringe mir deine Kaguyahime; umstrittene Stelle, obwohl der Kaiser (indirekt) zu einem Untertanen spricht: a) bescheidene Verbalendung gegenüber dem Objekt: der Prinzessin, *tatematsure* Verb der Bescheidenheit, hier vom Kaiser gegenüber dem Großvater gebraucht, worin sich – auf dem Umweg über den verehrenden Glauben an das Volk – eine Selbsterhöhung verbirgt (selbstreferenzielles Höflichkeitswort – von mir sog. green-speak); b) eine andere Interpretation bietet Tokieda, der davon ausgeht, daß bei den subjektlosen japanischen Höflichkeitswörtern, die sich auf Beziehung vom Höheren

Der alte Mann antwortete sehr ehrerbietig: „Es bereitet mir selbst sehr viel Kummer,[234] daß dieses unreife Ding[235] auf gar keinen Fall im Palast dienen will. Doch will ich gehen und ihr Euren Befehl übermitteln."[236]

Als der Kaiser es vernahm, sagte er: „Wie kann denn jemand, den du, Großvater, doch selbst aufgezogen hast, sich dir nicht fügen?
Wenn du mir dieses Mädchen bringst, muß ich dir altem Mann wohl einen Beamtenrang[237] verleihen."

Der alte Mann kehrte erfreut nach Hause zurück und erzählte alles [der Prinzessin Kaguyahime][238]: So und so hat der Kaiser gesprochen. Willst du ihm nicht vielleicht doch dienen?"[239]

Da antwortete Kaguyahime: „Ich will absolut nicht solchen Palastdienst antreten; wenn du mich trotzdem dienen läßt, so werde ich vergehen.[240]

Aber gut, ich sorge dafür, daß du zu Amt und Würden kommst – und dabei sterbe ich."

Da erwiderte der alte Mann: "Tu das nicht![241] Was sollen mir[242] Amt und Würden, ohne mein Kind![243]

---

zum Niederen und umgekehrt beziehen, jeweils der höher bzw. der tiefer stehende im Zentrum der Aussage stehen: *haberu*: es geht um den Großvater, *tatematsure* der Kaiser will die Frau; c) die Aussage bleibt unverändert, wenn es sich: nicht um Worte des Kaisers, sondern der Botin handelt; vgl. 8.3: so tun, als ob ich auf die Jagd ginge

[233] ich habe eine Botin gesandt, doch...; bescheiden: die oben angesprochene selbstreferenzielle Höflichkeit

[234] macht mir Sorgen/Schwierigkeiten; Neodeutsch: Probleme

[235] dies Mädchen, junge (kindliche) Frau, frei: unreife Ding (= Frau!)

[236] der Großvater spricht von seiner eigenen Aktion mit ehrerbietiger Verbalendung, weil es sich um die Ausführung eines Kaiserlichen Befehls handelt

[237] muß ich dir wohl einen Beamtenrang (Staatsmütze der 5. Stufe) verleihen; Erhebung in den fünften Beamtenrang

[238] erzählte seinen Leuten/der Prinzessin Kaguyahime, (was der Kaiser gesagt hatte); (*seine Leute* wäre proto-allemanisch eingefärbt: seine Familie)

[239] willst du (*neo*: magst du) nicht doch im Palast dienen

[240] ich will es tun (bis ich) vergehe (= sterbe)

[241] nur das nicht; frei: um Gottes Willen (noch freier: beim Bart des Kaisers, des Propheten und immer so weiter); Naumann: das sollst du nicht tun (was: sterben oder das Amt mit der Würde besorgen?) wiederum zu wörtlich

[242] was soll ich denn da tun; frei: was nützt/sollen mir

Aber trotzdem[244] – warum willst du denn nicht Palastdienst tun? Daran stirbt man doch nicht gleich." So sprach er.

Als die Prinzessin antwortete: „Wenn du denkst, es ist nicht wahr, dann diene ich eben, du wirst ja sehen, ob ich am Leben bleibe. Schon viele andere Männer hatten ernste Absichten[245] – und ich habe sie alle kleingekriegt![246] Und nun soll ich mich irgendeinem Befehl des Kaisers fügen? Schämen[247] müßte ich mich vor den Leuten!"

Als sie so sprach, antwortete der alte Mann: „Was auch immer vor sich gehen mag auf dieser Welt – was mir Angst macht, ist Gefahr für dein Leben,[248] daher werde ich jetzt zum Palast gehen und sagen, daß du dort nicht dienen wirst."

Damit ging er in den Palast und sprach[249] zum Kaiser: „Euer Befehl erfüllt mich mit Ehrfurcht, doch als ich mich bemühte, das Kind zu bewegen, hierher zu kommen, hat es gesagt: ‚Wenn ich in den Palastdienst trete, muß ich sterben.'

Es ist nicht mein eigenes, des Miyatsukomaro Kind.[250] Ich habe es früher einmal in den Bergen gefunden.[251] Deshalb ist es auch nicht wie die anderen Menschen dieser Welt."

8.3.

Der Kaiser sprach: „Das Haus des Miyatsukomaro liegt dicht am Fuß der Berge. Vielleicht kann ich ja so tun, als ginge ich auf die Jagd,[252] und sie mir dabei einmal anschauen?"

---

[243] wörtl.: ohne mein Kind zu sehen

[244] trotzdem = aber mal abgesehehen davon (ergänze: daß du nicht im Palast dienen sollst, weil ich nichts von meinem Amt habe, wenn du tot bist

[245] viele Männer mit ernsten Absichten; unsere 5 edlen Don Juans; vgl. 2.1: diejeningen aber, die es nicht so ernst meinten

[246] steht da so cool: [ich habe sie] alle (= bisher noch jeden) kleingekriegt; wörtl.: fertigmachen; a) Bekräftigung, zugleich b) adversative Überleitung zum folgenden Satz: obwohl, trotzdem

[247] da müßte ich mich vor den Leuten (ja) schämen; frei: was sollen...von mir denken; Original jedoch stärker männermordend; Naumann: was müßte man von mir denken; (müßte man was? – denken?)

[248] Gefahr für [dein] Leben; *honor* das der Prinzessin

[249] er sprach (zum Kaiser); *sasu₃* (Honorativ/Bescheidenheit) verliert hier seine kausativische Funktion und verwandelt sich in ein Verbalsuffix der Höflichkeit und sogar eines der Bescheidenheit, das der untertänigen Haltung des Großvaters Ausdruck gibt (nur so zur Information – hak)

[250] es ist nicht [mein eigenes] des Miyatsukomaro Kind; durch des...Hand; (Umschreibung für eigene Aktion, obwohl im vorliegenden Fall streng genommen ja wirklich: keine Handarbeit)

[251] ich habe (es) gefunden; *heureka* (übrigens: 1. Person Indikativ Perfekt Aktiv) in Old Japan

Miyatsukomaro sagte: „Das ist eine gute Idee. Sie ist ganz arglos und Ihr kommt unverhofft während der Jagd vorbei: so werdet Ihr sie bestimmt zu Gesicht bekommen,"[253] worauf der Kaiser unverzüglich den Tag festsetzte, an dem er sich auf die Jagd begeben wollte, und als er dann ins Haus der Kaguyahime ging und schaute, erblickte er eine leuchtende Gestalt.[254]

Das muß sie sein,[255] dachte sich der Kaiser, und näherte sich ihr, doch sie wollte [in die hinteren Räume des Hauses][256] fliehen...

...und als er sie am Kimonoärmel griff, bedeckte sie [mit dem anderen] ihr Gesicht;[257] nun, da er die Prinzessin zum erstenmal erblickt hatte, fand er sie unvergleichlich schön und sprach:

"Ich lasse dich nicht los", und wollte sie mit sich fortziehen,[258] da sagte Kaguyahime: „Wenn ich in diesem Land geboren wäre,[259] könnte ich Euch dienen. Doch es wird Euch nicht gelingen, mich mit Euch zu nehmen."

Darauf der Kaiser: „Wie das? – so zieht der Kaiser dich mit sich!",[260] doch als er eine Sänfte bringen ließ,[261] war Kaguyahime auf einmal verschwunden.[262]

Oh wie schade,[263] sie ist wahrlich kein normaler Mensch, dachte da der Kaiser und sprach: „So führe ich dich also nicht mit mir. Nimm nun wieder deine wahre

---

[252] so tun, als ob ich auf die Jagd ginge; hier verbirgt sich der von Mitani angeführte alternative Titel des achten Abschnitts: die Kaiserliche Jagd

[253] wird sie bestimmt zu sehen sein/werdet Ihr sie zu Gesicht bekommen

[254] eine leuchtende (prächtige) (Gestalt/Wesen); vgl. entsprechend die Ableitung in 5.2 (das Fell der Feuerratte): strahlend schön: mehr noch als seine Nichtbrennbarkeit bestach dessen unendlich strahlende Pracht

[255] das muß sie sein, freier und frommer: *det isse*

[256] die Prinzessin floh in [die hinteren Räume des Hauses]; *iru* sich weiter ins Innere des Hauses zurückziehen, der Kaiser hatte ja bereits das Haus betreten, vgl. 4.4: sie verschwand im Berg

[257] sie bedeckte das Gesicht mit dem [anderen] Ärmel; Geste der Scham/des sich Versteckens

[258] als (der Kaiser) sie (am Ärmel) zog (und mit sich ziehen wollte)

[259] wenn ich in diesem Land geboren (= von dieser Welt) wäre, könnte ich euch dienen; Vorbereitung auf das dramatische Geständnis der Kaguyahime in 9.2: ich bin nicht von dieserWelt

[260] wie das – so zieht der Kaiser dich (einfach) mit; hier wiederum spezifisch höfliche Bezeichnung der eigenen Tätigkeit durch den Tennô

[261] als der Kaiser sich der Sänfte näherte; kontextuell aber mit ihr im Schlepptau, also beide; [seiner] Sänfte von der Hinfahrt; die wartet mit laufendem Mikoshimeter

[262] da war Kaguyahime plötzlich verschwunden; nicht spurlos, denn wörtlich: sie wurde zu einem Schatten = verschwand

[263] schade; neodeutsch freier: dumm gelaufen

63

Gestalt an! Sobald ich dich gesehen habe, kehre ich zurück." Da nahm Kaguyahime wieder ihre frühere Gestalt an.

8.4

Der Kaiser war immer noch von der Schönheit der Prinzessin ganz eingenommen.[264]

Er war Miyatsukomaro sehr dankbar, daß er sie ihm gezeigt hatte und man veranstaltete daher [im Hause des alten Mannes] ein großes Festgelage[265] für die zahlreichen Beamten und andere Bedienstete.[266]

Wie schwer fiel es dem Kaiser, heimzukehren[267] und Kaguyahime zurückzulassen, doch schließlich machte er sich auf den Heimweg in dem Gefühl, seine Lebenskraft dazulassen.[268]

Nachdem sich der Kaiser in die Sänfte begeben hatte, sandte er Kaguyahime das folgende Lied:[269]

Nun mache ich mich / auf den Heimweg / leidvoll in in Gedanken/
an dich / widerspenstige[270] Prinzessin[271]

---

[264] der Kaiser war immer noch von (dem Gedanken an die/) ihrer Schönheit ganz eingenommen; Naumann schräg (keine: wachsende Neigung): Den Kaiser kam es hart an, seine wachsende Neigung zu Kaguyahime zurückzudrängen

[265] (der alte Mann) bewirtete sie auf das sorgfältigste = frei: man veranstaltete (im Hause des alten Mannes) ein großes Festgelage; Achtung: *aruji suru* ist identisch mit dem Deutschen: (als Hausherr die Gäste) be*wirt*en; in der obigen Übertragung wird man (dahinter steckt: der Kaiser) zum handelnden Subjekt gemacht: der Bambussammler ist ein armer Mann und zu bedanken hat sich der Kaiser

[266] viele, zahlreiche Beamte (und andere Bedienstete/Gäste etc.) (des Kaisers); Naumann wieder schräg: dienende Amtsträger [Lehrer?]

[267] konnte nicht von (dem Gedanken an...) lassen; frei: sich nicht einkriegen können; = aufwallende Gefühle unter Kontrolle bringen; Naumann ganz schräg (klingt ein bißchen nach unverstandenem Daniel Düsentrieb:) Der Kaiser las es und fand nicht den mindesten Antrieb, weshalb er zurückkehren sollte

[268] wörtl.: mit einem Gefühl, als hätte er den [Japan]Geist *tamashi(w)i* dagelassen = aufgegeben; Naumann unschräg: Lebenskraft zurücklassen

[269] nachdem er die Sänfte bestiegen hatte (ergänze: schickte er ihr folgendes Japan-Lied); *tatematsuru* ist eigentlich ein ehrerbietiges Verb für: geben, tun (im Interesse eines sozial höher stehenden, sitzenden oder liegenden, ganz wie Ihro Doofaugust belieben)

[270] obwohl du, Kaguyahime, widerspenstig (im Hause des Bambussammlers) bleibst; beide Lieder sprechen von Haus oder Hütte, ohne diese beim Wort zu nennen;
vgl. *Manyôshû*, XI/2825:
    Perlenpaläste / was sollen sie mir / in der dicht bewachsenen / kleinen Hütte / bin ich mit der Frau
sowie dessen modern-eindeutige Neufassung im *Kokinrokuchô:*

Das Antwortlied der Kaguyahime lautete:

Überwuchert / die ärmliche Hütte[272] / Jahre verbrachte ich hier /
was sollen mir nun / Paläste[273]

Als der Kaiser dies las, mochte er noch weniger heimkehren.

Doch obwohl er keine Lust[274] verspürte,[275] heimzukehren, ging es doch nicht an, hier zu übernachten und so kehrte er zurück.

Als er aber die Damen sah, die ihm täglich dienten, war keine darunter, die an Kaguyahime herangereicht hätte.[276]

An denjenigen unter ihnen, welche er für schöner gehalten hatte als andere, war nichts Besonderes, wenn er sie in Gedanken mit ihr verglich; allein die Prinzessin erfüllte sein Herz und er verbrachte seine Zeit fortan einsam.[277]

Er ging nicht mehr zu seinen Hofdamen, die ihm langweilig geworden waren, sondern schrieb Kaguyahime einen Briefe, die er ihr bringen ließ.

Was sollen mir / große Paläste / in einer / laubbewachsenen Hütte / können zwei schlafen
(witziger: ist Platz für zwei; im nächsten Liederband sind das dann garantiert wenigstens: 3)
[271] in leidvollen Gedanken an dich (du widerspenstige Prinzessin Kaguya); (übrigens ist das: Shake's Bier!!! Geben wir dem *Taketori-Monogatari* einen Untertitel: *Der Bambussammler* oder *Die mißlungene Zähmung einer gar widerspenstigen Japan-Prinzessin*; die Mäuse sind bis heute nur oberlächlich zu zähmen)
[272] unter (dem Dach meiner) mit Ranken bewachsenen/von Pflanzen überwucherten (Hütte); *mugura* kletterndes Labkraut, *humulus japonicus*, vgl. *mugura no yado* Metapher für: elende, armselige Behausung (vgl. das oben zitierte Lied); hier der große Unterschied zur: goldenen Kloschüssel
[273] (wozu nun) einen Kasierlichen Palast sehen wollen; Perlenpodest, Metapher für herrlicher Palast bzw. Palast des Kaisers; nun sehen wollen (ergänze: bringt mir nichts, ich bin mit dem zufrieden was ich habe) , daher das wörtlichere *was soll ich mir nun / Paläste besehn* abgewandelt in *was sollen mir nun / Paläste*
[274] hatte gar keinen/null Bock
[275] verspürte er umso weniger Grund = hatte noch weniger das Bedürfnis heimzukehren; Naumann ein wenig anstrengend: fand nicht den mindesten Antrieb (s.o. Düsen[an]trieb), weshalb er zurückkehren sollte
[276] wörtl.: keine, die neben Kaguyahime bestehen konnte, an sie heranreichte, frei: es (an Schönheit) mit ihr aufnehmen konnte
[277] er lebte allein, einsam

Ihre Antworten waren durchaus gefühlvoll und so entwickelte sich eine rege Korrespondenz, er verfaßte Lieder über reizvolle Pflanzen[278] und schickte sie ihr.

9. DAS HIMMLISCHE FEDERGEWAND[279]

(oder: Kaguyahimes Himmelfahrt)

9.1

Drei Jahre mochten wohl vergangen sein, daß sie einander auf diese Weise die Herzen trösteten, als mit Frühlingsbeginn Kaguyahime, sobald sie den anrührenden[280] Mond aufgehen sah, schwermütiger war als gewöhnlich.

„Dem Mond ins Gesicht schauen bringt Unglück!",[281] sagte jemand, der dies beobachtet hatte, um sie davon abzubringen, doch sobald niemand in der Nähe war, betrachtete sie wieder den Mond und weinte bitterlich.

Bei Vollmond im Siebenten Monat[282] setzte sie sich hinaus [auf die Veranda][283] und schien schrecklich zu leiden.

Die Leute, die in ihrer Nähe dienten,[284] berichteten dies dem alten Bambussammler:

---

[278] (er verfaßte Lieder) über reizvolle Pflanzen (und schickte sie ihr); Naumann irrt hier (vgl. Mitani, 1964, 134: Anlaß, Vorwand); der Kaiser säuselt erst einmal nicht von Liebe und dem einen anderen, sondern von: Kunst; wir werden gleich sehen, daß er dies geschlagene drei Jahre lang durchhält – und wissen nun, wie die gewaltigen japanischen Liedanthologien entstanden sind: durch erfolglose Liebhaber und widerspenstige Damen!!)

[279] das himmlische Federgewand; oder: Federkleid; ist der Abschnitt überschrieben bei Mitani 1964: 135, vgl. unten 9.6 den Abschiedsvers der Kaguyahime an den Kaiser: Zeit, das himmlische Federgewand anzulegen...; alternativer Titel in *NKBT* 9, 58: (warum nicht:) Kaguyahimes Himmelfahrt, sie steigt schließlich mit dem Flugwagen auf, vgl. unten vgl. 9.5 und 9.6

[280] ein anrührender Mond erschien; *omoshirou* wofür im Deutschen kein Wort zur Verfügung steht: reizvoll, geschmackvoll, anrührend

[281] dem Mond direkt ins Gesicht zu schauen, bringt Unglück; seit alters her gilt es als unglückbringend, ist es ein Tabu, dem Mond direkt „ins Antlitz" zu schauen

[282] Vollmond im Siebenten Monat; logischerweise zusammenfallend mit dem 15. Tag des Mondmonats, von daher die Textvariante: der Mond am 15. Tag des 7. Monats

[283] setzte sich hinaus/nach draußen (im japanischen Kontext = auf die Veranda); Naumann irrt bei *wiru* sitzen/setzen: sie trat hinaus ins Freie und bot ein Bild tiefster Schwermut

[284] nicht näher definierte: Bedienstete in ihrer Nähe, Umgebung

„Kaguyahime hatte es ja immer schon mit dem Mond, aber nun ist es wirklich nicht mehr normal. Irgend etwas muß ihr riesigen Kummer bereiten.[285] Habt nur ja auf sie Acht."[286]

Als er das hörte, sprach er zu Kaguyahime: „Was liegt dir auf dem Herzen, daß du in solcher Schwermut den Mond betrachtest? Die Welt ist doch so herrlich!"

Kaguyahime gab zur Antwort: „Die Welt scheint mir einfach verlassen und einsam, wenn ich so den Mond betrachte. Warum sonst[287] sollte ich betrübt sein?"

Doch als er ihr Zimmer betrat, saß sie gedankenverloren dort.

Als der alte Bambussammler dies sah, fragte er: „Prinzesschen, woran denkst du?" und sie antwortete: „Mir fehlt gar nichts. Ich bin nur so bedrückt."...

Darauf der Großvater: „Hör auf, in den Mond zu schauen! Immer wenn du in den Mond schaust,[288] siehst du ganz niedergeschlagen[289] aus." Doch sie antwortete: „Wie könnte ich es unterlassen, in den Mond zu schauen." Und kaum war der Mond aufgegangen, saß sie wieder auf der Veranda und litt.

Trat der Mond spät hervor[290] wie im letzten Monatsdrittel, schien sie nicht zu leiden.

In den Nächten bis zum Vollmond aber, da er am Himmel stand,[291] klagte und weinte sie.

---

[285] sie muß irgendeinen riesigen Kummer haben; Naumann in Japanologenwelsch: derzeit scheint es doch ganz ungewöhnlich mit ihr; (das stand aber oben: nicht normal)

[286] habt sorgfältig auf sie Acht; (bevor es nämlich alle neune schlägt und der Arzt/Exorzist kommen muß)

[287] weswegen sollte ich sonst wohl (= über etwas anderes als den Mond) betrübt sein

[288] a) immer wenn du b) weil du (in den Mond) schaust

[289] (dann) siehst du ganz niedergeschlagen aus; mit eingeschobener Neoübersetzung: ich bin so depressiv (korrekt wäre mediales: mir ist so depressiv)

[290] in den dunklen (= mondlosen) Nächten (wenn der Mond spät aufging); gemeint sind die Nächte nach dem 20. Tag im Lunarmonat, daher freier Zusatz: trat der Mond spät hervor wie im letzten Monatsdrittel

Ihre weiblichen Bediensteten flüsterten: „Sie hat doch einen Kummer", doch niemand, nicht einmal ihre Eltern wußten, was ihr fehlen könnte.

9.2

In den Tagen bis Vollmond am 15. Tag des Achten Monats[292] saß Kaguyahime auf der Veranda und weinte bitterlich.

Und zwar ohne es vor den anderen zu verbergen.

Nun fragten auch die Eltern[293] bestürzt: „[Kind,] was ist passiert!"

Unter Tränen sprach Kaguyahime: „Ich wollte es euch schon längst sagen, doch ich wußte, daß ihr verzweifeln würdet, so habe ich es nicht getan.
Aber ich kann kann es doch nicht ewig verheimlichen. Nun sage ich alles:[294]

Ich bin nicht von dieser Welt[295] – *ich komme aus der Hauptstadt des Mondes!*[296]

Doch wegen einer Schicksalsverknüpfung aus meiner früheren Welt[297] gelangte ich in diese Welt.

---

[291] (die Nächte, in denen) der Mond am Himmel stand; vor dem 15. Tag im Lunarmonat (Vollmond, vgl. den Beginn 9.2; diese Feinheit entfällt bei Naumann und bedarf eines freien Zusatzes damit klar wird: 2/3 des Monats über war sie depressiv/dauerte jeweils ihre depressive Phase

[292] (ab dem 12. Tag des Monats, bis zum) Vollmond am 15. des Achten Monats; gemeint ist der Zeitraum zwischen dem 12. und 15. des Lunarmonats; Naumann ungenau (wieder wegen des mißverstandenen *wite* die Prinzessin *sitzt*): Zum Vollmond am 15. Tag des Achten Monats <u>trat</u> Kaguyahime <u>hinaus</u> ... (sie hockt aber wieder auf der Veranda und schaut in den Mond) [und ist dieser 15. Tag des Achten Monats – wenn nach dem Sonnenkalender – nicht der Tag der Annahme der Potsdamer Erklärung und der Radioansprache des Tennô zur Kapitulation Japans?; Vollmond hat den Überblick und läßt grüßen!]

[293] auch die Eltern (nicht nur die weiblichen Dienerinnen)

[294] nun sage ich (alles); erzählen, „beichten"; Naumann ungenau: aber nun kommt alles heraus

[295] frei: von dieser/aus Eurer Welt; dieses Land = Japan = die menschliche Gesellschaft; vgl. oben Kaguyahimes erste Andeutung des Sachverhalts in 8.3: wäre ich von dieser Welt; wir gehen nicht näher auf das sinojapanische Problem ein, daß: wer nicht „aus diesem Land" = kein Japaner ist, auch kein normaler Mensch ist und zweifellos vom Mond kommt

[296] Ich bin/komme von der Hauptstadt des Mondes; frei: ein Mondmädchen, freier: ein *moon-girl*

[297] Verknüpfung aus der alten/früheren (Mond)welt; *chigiri* ist neben dem profanen Versprechen auch u.a. die schicksalhafte Verbindung (mod. *en*), insbesondere in der Geschlechterbeziehung; Naumann: Schicksalsverknüpfung aus alter Zeit; vgl. 9.4: daß mir nicht bestimmt war

Nun ist es soweit, daß ich zurückkehren muß, daher werden am 15. Tag dieses Monats Leute aus meiner alten Heimat kommen, um mich von hier abzuholen.

Ich gräme mich mich seit dem Frühjahr darüber, daß ich euch nun verlassen muß und doch weiß, welchen Schmerz es euch bereitet," sprach die Prinzessin und weinte heftig, da erwiderte der Großvater:...

..."Was redest du da! Ich habe dich in einem Bambus entdeckt und als mein Kind aufgezogen bis du aus einem Mohnkorn zu meiner eigenen Größe herangewachsen bist. Wer kommt dich holen! Niemals lasse ich das zu!...

...Lieber sterbe ich." Der alte Mann weinte laut und konnte es kaum ertragen.

Kaguyahime antwortete: „Dort in der Hautpstadt des Mondes habe ich Vater und Mutter. Nur für eine ganz kurze Zeit bin ich hierher gekommen, doch sind in eurem Land darüber Jahre vergangen.

Nun habe ich Vater und Mutter vergessen und so lange Zeit fröhlich bei euch verbracht und mich daran gewöhnt.

Überhaupt nicht glücklich bin ich, meine Heimat[298] wiederzusehen, sondern einfach nur schrecklich traurig. Doch auch wenn es nicht mein Wille ist, so muß ich doch heimkehren." So sprach sie, und alle zusammen weinten.

Auch ihre Bediensteten waren seit Jahren vertraut mit ihr, und der Gedanke an eine Trennung von der hochherzigen, lieblichen Prinzessin war ihnen allen unerträglich, genauso traurig[299] [wie der Bambussammler und seine Frau] waren sie und brachten nicht einmal mehr heißes Wasser herunter.

---

[298] aus jenem Land/jener Hauptstadt, frei: alte Heimat; bezieht sich auf obiges: Hauptstadt des Mondes (Grosny sieht heute [in 2002 - hak] so aus – der russischen Seele sei Dank; Gaza 2024 – der israelischen Seele sei Dank)
[299] sie waren ebenso traurig (ergänze: wie der Großvater und die Großmutter)

9.3

Der Kaiser hörte hiervon und entsandte einen Boten zum Hause des Bambussammlers.

Der Bambussammler trat zu dem Boten hinaus und weinte unaufhörlich.[300]

Über all dem Kummer war ihm der Bart weiß geworden, der Rücken gebeugt und seine Augen waren entzündet.

Gerade fünfzig[301] war der alte Mann in diesem Jahr, doch vor Leid schien er in einem kurzen Moment zum Greis geworden sei.

Der Bote übermittelte die Botschaft des Kaisers: „Wir haben von einem schlimmen Leid gehört, das euch betroffen habe – ist das wahr?"

Weinend erwiderte der Bambussammler: „Am 15. dieses Monats sollen [Leute] aus der Hauptstadt des Mondes kommen, um Kaguyahime zu holen."

Die Nachfrage des Kaisers ehrt mich.

Er möge mir Mannen schicken, daß wir die Leute aus der Hauptstadt des Mondes ergreifen können, wenn sie am 15. Tag dieses Monats wirklich hier erscheinen."

Als der Bote in den Palast zurückkehrte, berichtete er von der Lage im Hause des Bambussammlers. Der Kaiser, als er das Gemeldete vernahm, sprach: „Ich selbst habe sie nur für einen kurzen Augenblick gesehen und kann sie nicht vergessen, wie müssen die sich fühlen, die gewohnt sind, Kaguyahime von früh bis spät um sich zu haben, und sie nun fortgeben sollen!"

An diesem 15. Tag erließ er Befehl an alle Wachämter,[302] er ernannte einen Vizekommandanten namens Takano no Ôkuni[303] zu seinem Beauftragten, zog die

---

[300] er weinte unaufhörlich etc.; Naumann etwas unsäglich: seines Weinens war kein Ende
[301] der Alte Mann war in diesem Jahr gerade 50 (Jahre alt); steht im Widerspruch zu 2.3: ich bin (wörtl. und schön ehrlich: Opa ist) nun schon über siebzig

Sechs Wachämter[304] zusammen und entsandte 2000 Mann zum Haus des Bambussammlers.

Diese kamen zum Haus des Bambussammlers, 1000 Mann bezogen auf den Mauerwällen und 1000 Mann auf den Dächern Stellung, so daß zusammen mit den zahlreichen Bedienten[305] im Hause selbst auch nicht der kleinste Winkel frei blieb.

Die männlichen Bediensteten trugen ebenfalls Pfeil und Bogen[306] und im Inneren des Haupthauses[307] hatte man die Dienerinnen auf Wache geschickt.[308]

Die Alte Frau aber saß im Lagerhaus[309] und hielt Kaguyahime fest umschlossen.

Und vor dessen verschlossener Tür stand der Alte Mann.

---

[302] bezieht sich auf die folgenden Sechs Wachämter (siehe unten); ich übernehme hier mit faulem Dank Naumanns Diktion: (Sechs) Wachämter, Vizekommandant (Takano no Ôkuni)

[303] er ernannte Vizekommandant Takano no Ôkuni; der fehlt leider in den Geschichtsbüchern (etwa Verwechslung mit dem leicht späteren: Vizekommandanten Kanemori [berüchtigte Fehllesung: Kanamori]; Vizekommandant der Palastgarde, unterhalb des fünften Hofranges angesiedelt (vgl. 9.7, wo ein anderer Titel genannt wird: Vizekommandant und Vorsteher der Kämmerer)

[304] die Sechs Wachämter, nämlich die drei je in linkes und rechtes geteilten Wachämter des Kaiserpalastes (3 x 2 = 6, fehlt nur oben und unten 上下, da wären es acht

[305] zusätzlich zu den zahlreichen Leuten (= Bedienten) des Hauses

[306] auch diese Wache haltenden Leute (= die Bediensteten) trugen Pfeil und Bogen; bezieht sich auf die nun ebenfalls bewaffneten Hausangestellten, die Soldaten des Kaisers trugen selbstverständlich Waffen; bei Naumann falscher Bezug: Diese Wache haltenden Leute trugen Pfeil und Bogen bei sich

[307] Haupthaus, bzw. der innere Teil des Hauses

[308] wörtl.: die Frauen ließ (= hieß) man (sich setzen und) Wache halten; da Trübungslaute nicht gekennzeichnet wurden ergibt sich die Lesungsvariante:... auch die Frauen des Hauses...; Naumann zu frei: ließ man die Mägde reihum [wäre: abwechselnd; die andern schlafen solange?] sich zurückziehen von ihrem Dienst und wachen [als hätten die noch Milchvieh zu versorgen, nein: das ganze Haus wartet wie gebannt auf die Ankunft der Mondleute]

[309] Hier: Lagerhaus; mit lehmverputzten Wänden versehener (also relativ feuerfester) Abstellraum bzw. Lagerhaus für die Schätze des Hauses, das – ausgestattet mit Seitentür und Fenster – auch als Schlafraum Verwendung fand; vgl. ähnlich die Schlaf/Abstellkammern der Hofdamen im Kaiserpalast, vgl. *Makuranosôshi* 99.1: die beiden Räume vor dem Hinterzimmer; dort handelt es sich bei *nurigome* um einen im hinteren Teil des Palastes gelegenen, mit Holzwänden (vgl. *nuriita* Wandtäfelung) sowie einer Seitentür *tsumado* versehenen, abgedunkelten Schlaf- und Abstellraum (für Liebhaber – meint F.O., der es ja wissen muß); Naumann irrt mit: festgemauertes Innengemach (wahrscheinlich dachte sie aber ebenfalls an: den Abstellraum – für die Liebhaber)

Er sagte: „An einem so bewachten Ort können uns nicht einmal himmlische Wesen schlagen." Und an die Männer auf dem Dach gewandt: „Das kleinste Etwas,[310] das am Himmel fliegt, schießt ihr unverzüglich tot."

Die Bogenschützen antworteten: "Wo so Wache gehalten wird, schießen wir dir sogar eine Fledermaus[311] tot und stellen sie zur Schau."

Das hörte der Alte Mann gern.

9.4

Als Kaguyahime dies hörte, sagte sie: „Wenn ihr mich auch einschließt und euch auf alles vorbereitet,[312] mich zu verteidigen: gegen die Wesen vom Mond könnt ihr nicht kämpfen. Man kann nicht mit Pfeilen auf sie schießen.

Wie fest ihr mich auch einschließt, wenn die Leute vom Mond kommen, wird sich alles vor ihnen öffnen.

Jetzt seid ihr bereit, mit ihnen zu kämpfen, sind die Leute aus jenem Lande aber erst einmal da, wird niemand mehr den Mut dazu aufbringen."

Da sprach der Alte Mann: „Ich werde denen, die da kommen sollen, um dich zu holen, mit meinem langen Fingernägeln die Augäpfel herausreißen und zerquetschen.

---

[310] das kleinste Etwas (Mondmensch oder Himmelsgeschöpf oder beides?), das am Himmel fliegt; *tsuyu + mo...ba = sukoshidemo...ba*; *mono* vage Benennung eines Gegenstandes bzw. Umstandes; Naumann hat hier einen blackout: „Falls sich am Himmel etwas zeigt, und sei's ein Tautropfen, dann schießt es mir sofort tot!" 1. Fehlinterpretation des adverbialen *tsuyu...ba*, 2. *schießen* sie mal 'nen Tautropfen *tot* (abgesehen vom treffen), da hatte sie es wohl mit einem Döntje aus der *Kunst des Zen im Bogenschießen* (oder mit einer Vision von Bush jr. und den immergleichen Followern)

[311] sogar eine a) Fledermaus b) Nadel; *kahahori* alter Name für *koumori* (angebliche Sonderlesung: *kanamori*); *dani...ba* wenn auch nur (einer); nach Mitani, 1964: 147; die Stelle lautet in *NKBT* 9, 61: *wenn auch nur eine Nadel etc.*, diese wird undeutlich genannt (etwas sehr kleines?), jedoch keine Variante angegeben (Mitani nennt: *kawakari, kawahari*) entsprechend Naumann: wäre da auch nur eine Nadel, wir wollten sie herabschießen; ich halte mich an die Aufschneiderei von Bogenschützen: wir treffen alles (selbst Tautropfen; paßte schon, stimmt aber nicht)

[312] vorbereitet (mich im Kampf) zu verteidigen; vgl. die Bemerkung über den Prinzen Ishizukuri in 3.1: a) jemand, der genau überlegte, was er tat; b) durchaus ein berechnender Mann (*shitaku*: in der Bedeutung Planung, Berechnung); Naumann wählt entsprechend 3.1: Listen

Ich werde diese Kerle bei den Haaren packen und niederwerfen,[313] ihnen vor den Augen unserer Staatsdiener die Hintern entblößen,[314] daß sie vor Scham im Boden versinken !"[315] So wütend war er.

Kaguyahime antwortete: "Nicht so laut! Die Männer oben auf dem Dach hören deine unziemlichen Worte.[316]

Wie leid es mir tut, gehen zu müssen, ohne recht an das gedacht zu haben, was ihr für mich getan habt.[317]

Daß mir nicht bestimmt war, lange bei euch zu verweilen[318] und ich nun bald gehen muß, erfüllt mich mit Trauer.

Kein bißchen habe ich für euch, meine Eltern, gesorgt, deshalb fällt mir der Weg, den ich bald gehen muß, nicht leicht. Kürzlich saß ich wieder auf der Veranda[319] und bat um einen Aufschub[320] für wenigstens dieses eine Jahr, doch er wurde mir nicht gewährt, deshalb bin ich so traurig.

Einfach so wegzugehen, wo ich euch nur Kummer bereitet habe, macht mich ganz krank.

Die Leute in jener Hauptstadt sind sehr schön und altern nicht.[321]

---

[313] a) demnach: von Hinten am Schopf packen, den Kimono nach oben ziehen und jemandes Hintern entblößen (ins Mondgesicht der Staatsmützen!); vgl. NKBT 9: 62, Mitani 1964: 153

[314] Naumann, ganz richtig und erregt wie der Großvater: Ihre Hintern will ich bloßlegen und sämtlichen Staatsdienern hier vorweisen (fehlt: und sie so beschämen); die Stelle ist ungesichert und entsprechend in der Übersetzung absichtlich frei gehalten, da mir witzig zumute war: die Hintern versohlen (ich erinnere an eines meiner Lieder mit dem Titel „Öffentlicher Dienstag": Popo-Ablage)

[315] frei: daß sie vor Scham (im Boden versinken)

[316] das geht doch nicht, wie peinlich, unmöglich etc., frei: hören deine unziemlichen Worte

[317] die Absichten, die ihr bis heute gehegt habt (alles, was ihr bisher für mich getan habt?); wunderschön, wenn auch etwas weit gespannt (mir scheint es sich um die Bemühungen um die Prinzessin zu handeln = was du für mich getan hast) ist Naumanns: Ich bedaure so sehr, weggehen zu müssen, ohne deine Hoffnungen und Wünsche gekannt zu haben

[318] die (aus der Vorwelt herrührende schicksalhafte) Verknüpfung lange (bei dem Großvater in Japan weilen zu können), vgl. 9.2: Verknüpfung aus der alten/früheren (Mond)welt

[319] ich saß neulich auch (wieder) auf der Veranda (und sprach zum Mond); *wiru* (sitzen) + *deru* (am Rande der Veranda sitzen); Naumann (Irrtum wie oben 9.1 etc.): bin ich herausgetreten; vgl. noch einmal 9.1: Bei Vollmond im Siebenten Monat setzte sie sich hinaus auf die Veranda

[320] ich bat (in Richtung Mond) um Aufschub (meiner Rückkehr)

[321] jene Menschen/Wesen vom Mond sind schön und altern nicht (vgl.: München!!!)

Sie haben auch keine Sorgen.[322]

Doch an solch einen Ort zu gehen, bereitet mir keine Freude.

Wie gern hätte ich euch,[323] meine Eltern, nicht altern sehen und für euch gesorgt."
[324]So sprach sie und weinte.

„Sag nichts,[325] was mir weh tut! Ich werde mich auch von Boten in schöner Gestalt nicht beeindrucken[326] lassen!" grollte[327] der alte Mann.

9.5

Der Abend [328]ging vorüber, als gegen Mitternacht, zur Stunde der Ratte,[329] die Umgebung des Hauses in einen Lichtglanz gehüllt wurde, heller als bei Tag.[330]

Es war so hell wie das Licht von zehn Vollmonden zusammen, selbst die Poren in der Haut der Anwesenden[331] konnte man erkennen.

Vom Himmel kamen, auf Wolken gleitend,[332] Menschen herab und reihten sich, etwa fünf Fuß über der Erde schwebend,[333] nebeneinander.

---

[322] Naumann leitet den Leser in die Irre (bei den Mondmenschen herrscht eher die: Dauerparty): Da ist auch nichts, was sie fühlen (wörtl. mod. wäre: sie denken nichts; schon wieder: München!!!)

[323] (darum) ist es mir leid, ich hätte so gern...etc.; auch im modernen Japanisch etwas: um das es einem leid tut, das man gern (getan) hätte

[324] daß ich euch (meine Eltern) nicht altern sehe und für euch sorge(n kann); Naumann: wenn ihr...dahinschwindet, gerade das wird mir fehlen

[325] hier: sag nicht so etwas (was mich schmerzt); *nasu* bezieht sich auf die Rede der Prinzessin, vgl. übereinstimmend Mitani, 1964, 152 und *NKBT* 9: 62; Naumann nimmt *nasu* wörtlich: Tu nichts...

[326] werde mich von den Boten (des Mondes) nicht hindern, frei: beeindrucken lassen

[327] er ärgerte sich, er grollte (den vorerwähnten: Mondmenschen); nicht Naumanns: der Prinzesssin (und ihrer Rede bzw. geplanten Aktion)

[328] Zeit zwischen 19 und 21 Uhr

[329] zur Stunde der Ratte (gegen Mitternacht); Ratte, erstes Zeichen im alten chinesischen Tierkreis (dort wörtl.: Großmaus), der auch den Zwölferzyklus der Richtungen und Uhrzeiten bestimmt (vgl. die Abildung im Anhang)

[330] heller als am/bei (neo: im?) Tag

[331] so daß selbst die Poren in der Haut der Anwesenden zu sehen/erkennen waren (sehen konnte/hätte sehen können); die Hautporen der dort befindlichen Leute; Naumann nimmt's modern und als Attributiv: selbst die Poren in der Haut *eines* Menschen

[332] Naumann: auf Wolken reitend; eher doch wohl: auf Wolken gleitend (reitende Engel war, wie bereits bemerkt, ein Knaller aus der *Makuranosôshi*-Übertragung von Bode)

Starr vor Entsetzen[334] waren die Männer inner- und außerhalb des Hauses und nicht fähig, zu kämpfen.

Faßten sie sich endlich[335] und wollten Pfeil und Bogen heben, verließ sie die Kraft in den Armen, und wenn ein Entschlossener unter all den Bewegungsunfähigen[336] sich aufraffte, seinen Pfeil abzuschießen[337] und sehen mußte, wie dieser in eine ganz andere Richtung flog,[338] schaute er nur apathisch [339] hinterher, statt sich in den Kampf zu stürzen.

Die Pracht der Gewänder[340] der dort Stehenden kannte nicht seinesgleichen.

Sie führten einen fliegenden Wagen mit sich. Überspannt von einem seidenen Baldachin.[341]

Einer von den Mondmenschen, der wie ihr König aussah,[342] rief in Richtung des Hauses: „Miyatsukomaro, komm heraus!", doch der vorher noch so mutige

---

[333] einsfuffzig von der Erde abgehoben/über dem Boden; rührt von der Vorstellung her, daß Himmelswesen die Erde nicht mit den Füßen berühren, sondern über dem Boden schweben; nebeneinander *gereiht* statt Naumanns: nebeneinander*stehen* (die stehen ja eben gar nicht)

[334] starr vor Schreck, wie gelähmt (von Angst); Naumann bißchen britisch: von Geisterhand überrumpelt (wohl wegen der obigen mitternachtlichen Stunde?)

[335] sich aufrappeln, (den inneren [logo eßbaren!!]) ☺Japanischen Schweinehund besiegen etc.

[336] gelähmt, erstarrt; von *nayoyaka* biegsam, geschmeidig (hier hatte übrigens der Hg. H.-M. Lux die Idee her: *Die Jungfrau vom geschmeidigen Bambus*, Stuttgart 1953) (vielleicht war die Jungfrau aber gar keine solche? Man[n] irrt da ja regelmäßig. Bemerke das gleich von dem Mondkönig angeführte unbestimmte: Vergehen, infolge dessen sie zur Bewährung auf die Erde geschickt wurde. Hatte sie etwa darum in den ersten Kapiteln von Männern die Nase voll?)

[337] wörtl.: den Pfeil an den Bogen legen (und spannen), frei: Pfeil und Bogen (zum Schuß) heben

[338] mochten nicht mehr heftig kämpfen, frei: sich in den Kampf/die Schlacht stürzen; Naumann daneben mit: schlugen sie nicht wild drauflos (mit Pfeilen? – hak)

[339] frei: mit offenem Munde/apathisch schauten sie zu; Naumann: ihr Empfinden wurde stumpf und dumm und sie standen da und gafften etc., ist eine recht originelle Beschreibung von: Apathie

[340] Tracht, Kleidung, Kostüm; hier wohl als prächtige Hoftracht anzusehen, da es sich um: Leute aus der Haupt = Kaiserstadt des Mondes handelt

[341] überspannt von einem seidenen Baldachin, (Baldachin übrigens von it. *baldacchino* = (Stoff) aus Bagdad, somit per se Seide); in der Heian-Zeit ein von einem Gefolgsmann getragener seidenbespannter (Sonnen)Schirm (siehe die Abbildung im Anhang)

[342] unsicherer Bezug, bzw. (un)logischer Sprung im Text: a) Naumann bezieht auf das vorangehende: fliegender Wagen (abgesehen von dem ewig unpassenden *hito* = Mensch für die Mondwesen; konsequentes: Mondmensch wäre o.k.): In ihm befand sich ein Mensch, den man für den König halten konnte; doch standen (reihten sich) die ja oben in Reih und Glied (schutz- aber furchtlos) einsfuffzig über dem Boden, daher logischer b) einer von ihnen (den Mondmenschen)

75

Miyatsukomaro lag wie betrunken[343] mit dem Gesicht nach unten auf dem Boden [vor der Tür des Lagerhauses].

Der König sprach: „Alter, Du, Menschenkind![344] Weil du ein paar gute Taten[345] vollbracht hast, und um dir zu helfen, hat man die Prinzessin für ein Weilchen zu dir gesandt und dir dafür entsprechend der Anzahl der Jahre Gold zukommen lassen, so daß du lebtest, als hättest du den Stand gewechselt.[346]

Weil Kaguyahime sich eines Vergehens schuldig gemacht hatte, mußte sie für eine Weile an deinem elenden Ort verweilen.

Da aber die Strafzeit abgelaufen ist, holen wir die Prinzessin nun ab; dein Weinen und Klagen,[347] alter Mann, hat gar keinen Zweck.[348] Rasch, gib sie heraus!"

Der alte Mann antwortete: „Mehr als 20 Jahre habe ich Kaguyahime aufgezogen.

Wie könnt ihr da von einer „kurzen Weile" sprechen? Das ist merkwürdig.[349]

Da gibt es wohl an anderem Ort noch eine Kaguyahime!"

---

[343] (als der König...rief) lag Miyatsukomaro [der hielt vor der Tür des Lagerhauses Wache] wie ein Betrunkener mit dem Gesicht nach unten auf dem Boden

[344] Du, kleiner/nichtswürdiger Erdenmensch; modern frei: Du Depp! (Naumann hätte übertragen: Du *Herzens*depp)

Exkurs: Kleines Klassikpuzzle

wosanaki = kokoro wosanaki klein etc. a) These Mitani; pejorativ für: Erdenmensch; entsprechend Naumann: Alter, du!; b) andere These *NKBT* 9: 63, insbes. 77, Anm. 60 : kleiner Mensch = Prinzessin Kaguya: Alteer, du; die Prinessin hat man...; ebenso umstritten ist die Fortführung: a) weil du der Prinzessin Gutes getan hast, haben wir sie dir belassen etc., b) ergänze: dir, kleiner Mensch, haben wir ...(ergänze: die Prinzessin) belassen

[345] gute Taten/Werke; *kudoku* entstammt der buddhistischen Begriffswelt: *ku* markiert das Ende des Bösen, *toku* den Anfang des Guten

[346] als hättest du den Stand gewechselt/wie ein anderer Mensch = plötzlich reich geworden

[347] (daß du weinst und klagst) *obwohl* wir sie nun abholen kommen; impliziert: worüber sie/ihr beide froh sein solltet;

[348] ist echt ein Knaller [Pause...], unvernünftig, nicht in Ordnung, hat keinen Zweck

[349] kommt mir merkwürdig vor; Naumann: macht mich stutzig

Doch als er fortfuhr: „Die Kaguyahime, die sich hier aufhält, ist schwer krank und kann sicherlich nicht herauskommen!"erhielt er keine Antwort.

Stattdessen wurde der über dem Dach schwebende Flugwagen näher herangebugsiert[350] und der König sprach: „Nun, Kaguyahime! Was willst du noch länger an diesem unreinen Ort?"[351]

Im selben Augenblick sprang die Tür des Lagerhauses,[352] in dem die Prinzessin eingeschlossen war, ganz wie von selbst auf.

Die Fensterklappen[353] öffneten sich, ohne daß sie eines Menschen Hand berührt hätte, und heraus trat die von der alten Frau eben noch fest unklammerte Kaguyahime.[354]

Die alte Frau vermochte nicht, die Prinzessin aufzuhalten – weinend blickte sie ihr nach.[355]

9.6

Kaguyahime trat zu dem Bambussammler, der vor Verzweiflung[356] weinend mit dem Gesicht zum Boden dalag, und sprach:

„Ich kehre unfreiwillig zurück; schaut mir doch wenigstens nach, wenn ich auffahre!"[357]

---

[350] bugsierte man den (über dem Dach schwebenden) Flugwagen nahe an das (frei: bedrohliches: näher zum) Dach

[351] wie kannst du es nur so lange/länger an solch elendem/unreinem Ort aushalten; frei: Was willst du noch länger...; bezieht sich auf die buddhistische Idee der unreinen Welt der Menschen

[352] die (festverschlossene) Tür (des Lagerhauses), in dem (die Prinzessin) eingeschlossen war; Naumann irrte bereits oben mit: (festummauertem) Gemach und dem Plural: Türen

[353] hier: Fensterklappen des Lagerhauses aus schwarz bemalten Kanthölzern; nicht identisch mit der üblichen Bedeutung: Fenstergitter bei Holzhäusern, bzw. Raumtrennungsgitter

[354] Kaguyahime, eben noch von der alten Frau umschlungen, trat heraus; Nauman technisch unwahrscheinlich: Umschlungen von der alten Frau trat Kaguyahime heraus (da würde sie die Oma tragen); folgt: da sie sie nicht halten konnte: wie Türen und Fenster war auch die Umklammerung wirkungslos geworden: Oma bleibt zurück und schaut ihr weinend nach, wieder gelähmt – wie oben die Schlachtszene mit den sinkenden Hämmern/Pfeil & Bogen)

[355] schaute zu ihr auf (wie sie aufstand und davonging); man hatte vorher an Boden gekauert; frei: ihr nach

[356] verzweifelt; Naumann erstmals mit ohne: im Herzen

Wie könnte ich dir bei etwas so Traurigem wie deiner Abreise auch noch zuschauen. Was sollen wir tun, wenn du uns verläßt? Nimm uns doch mit!"[358] Weinend lag der alte Mann da und die Prinzessin wußte nicht aus noch ein.[359]

Sie sagte: „Ich lasse euch einen Brief da.[360] Wenn ihr Sehnsucht nach mir verspürt, holt ihn hervor und lest ihn." Weinend schrieb sie folgendes nieder:

„Wäre ich hier in diesem Land geboren,[361] bis ans Ende eures Lebens[362] hätte ich euch gedient, ganz und gar unfreiwillig verlasse ich dieses Land.

Dies Kleid hier[363] lege ich ab und lasse es da, es soll euch eine Erinnerung sein.

In der Nacht, wenn der Mond am Himmel steht, schaut zu mir herauf.[364]

Euch, die ich nun verlasse, wird scheinen, als fiele ich vom Himmel, dort, wohin ich gegangen bin, sehnsüchtig zu euch herab."[365] Diese Worte schrieb sie.

9.7

Einige der Himmelswesen[366] führten Kästen mit sich.

---

[357] da ich (schließlich) (unfreiwillig) auffahre(n werde)

[358] nimm uns doch mit; ungesichert, vgl. NKBT, 64; wohl: umgangssprachlicher Wunsch/Aufforderung an den Gegenüber, ältere Textvarianten

[359] (auch die Prinzessin) wußte nicht ein noch aus; als Subjekt wird die Prinzessin angenommen; andere Interpretation: Rede der Prinzessin zur: Gemütsverfassung des Großvaters: Du bist ja ganz von der Rolle, etc. (dichten 'se doch selber)

[360] (wenn) ich (fort) gehe; (neodeutsch: wenn ich fortgehen werde); (bescheidenes: fortgehen, Großvaters Heim also Bezugszentrum)

[361] wäre ich hier (in diesem Land/bei euch in Japan) geboren; dieses Land = Japan

[362] (hätte euch gedient) bis ihr mir Klage verursacht/ich um euch klagen muß = bis zu eurem Tode; Naumann hat diese Stelle mißverstanden: Wäre ich in diesem Land geboren, ich *hätte euch nicht solchen Jammer verursacht*

[363] Kleid bzw. mehrere Schichten Obergewand

[364] (von dort zu mir) herüberschauen; vom Standpunkt der Prinzessin aus

[365] euch wird sein, als fiele ich vom Himmel wenn ich (zum Mond) zurückkehre (sehnsüchtig) zu euch herab; Naumann mystologisch: Es wird euch sein, als müßte ich herabgefallen sein aus dem Himmel, wohin ich gehe, *indem ich euch aus den Augen lasse*...(mißverstandenes bzw. rein wörtliches : *misuteru* verlassen)

[In einem] befand sich ein Himmlisches Federgewand.[367]

In einem anderen[368] die Medizin der Unsterblichkeit.[369]
Eines der Himmelswesen sprach: „Trink die Medizin[370] in dem Topf. Wo du so lange Zeit die unreinen Dinge dieses Ortes zu dir genommen hast,[371] muß dir ja schlecht sein." Als er mit der Medizin zu ihr trat, nippte sie ein wenig davon und wollte dann den Topf mit dem Rest[372] als Andenken in das abgelegte Kleid einwickeln, doch das Himmelswesen[373] ließ es nicht zu.

Nun holte man das [Feder]kleid hervor und wollte es ihr anlegen.

Da sagte Kaguyahime: „Wartet! Ich habe gehört, daß man sein Wesen verändert,[374] wenn man dieses Kleid anzieht. Ich habe noch etwas mitzuteilen", und sie begann einen Brief zu schreiben.

Die Himmelswesen aber hatten es eilig: „Das dauert zu lang!"

---

[366] [einige der] Himmelswesen hatten [wenigstens zwei, s.u.] Kästen bei sich; zu ergänzen: einige/zwei; Naumann klappert im Kontext: *Kästen* herbeigetragen. Man hatte *ein* Himmlisches Federgewand hineingelegt

[367] ergänze: (in einem davon) lag ein Himmlisches Federgewand; das Himmlische Federgewand ist nicht – wie später angenommen – zum Fliegen gedacht – dafür hatten die ja den Wagen – sondern eine Art Statussymbol der Himmelswesen

[368] der Originaltext ist hier etwas kurz und muß entsprechend dem Zusammenhang der vorangegangenen drei Sätze ergänzt werden: Leute mit Kästen/Kisten mit Federkleid (Kiste 1) und die andere (Kiste 2) mit der Medizin der Unsterblichkeit

[369] Naumann: Trank der Unsterblichkeit; Matsubara 1968 (o. Seitenz.) übersetzt mit dem Hebräischen: Manna der Unsterblichkeit; ein Elixier (arab.: Stein der Weisen) über das die Mondwesen zu verfügen scheinen; im Kontext ein Analgetikum, das den Trennungsschmerz vom irdischen Dasein überwinden hilft, und – wie wir gleich sehen werden – alles Gewesene vergessen macht; diese anschließende Quasi-Sterbensszene (es vergeht: die Prinzessin als Erdenmensch) ist ohne Zweifel die ergreifendste Stelle des *Taketori-Monogatari*

[370] Naumann bißchen übertrieben und zugleich daneben: wunderbarer [besser: wunderlicher] Trank; Analgetika sind bitter!!

[371] früher Bezug auf: Erd-Food!

[372] ein wenig (ergänze: von der Medizin) als Andenken; als sie (ergänze: den Rest der Medizin im Topf) (zur Erinnerung) in das abgelegte Kleid einwickeln wollte; technisch unklar, wie sie das mit dem (wahrscheinlichen) Trank anstellen wollte: sie ließ einen Rest *im Gefäß* und wollte *dieses* einwickeln; Naumann wieder wörtlich: ein weniges von dem Trank wollte sie als Andenken in die Kleider wickeln

[373] ein dort befindliches (hochrangiges) Himmelswesen; im Kontext: der vorgenannte es = er; vgl. 9.5: jemand (der gerade anwesend war)

[374] verändern sich/ihr Wesen; Naumann wieder mechanisch: ändert sich das Herz (dessen Frequenz?)

Da widersprach die Prinzessin: „Haltet euch aus Dingen heraus, von denen ihr nichts versteht!"[375] Seelenruhig und ohne jede Eile verfaßte sie ihren Brief an den Kaiser. Sie schrieb:

Viele Männer habt Ihr gesandt, mich zurückzuhalten, doch wurde mir nicht erlaubt,[376] [länger hier zu verweilen], und man ist [vom Mond] gekommen, mich zurückzuholen[377] – wie bedauerlich, wie traurig.

Daß ich nicht im Palast dienen konnte, wegen dieser [Mond]geschichte von damals,[378] werdet Ihr nicht verstanden haben, und daß ich bis zuletzt hartherzig Eurem Befehl nicht folgte, werdet Ihr als ungehörig aufgefaßt haben, was mich sehr schmerzt.

[Sie schloß mit folgendem Lied:]

Jetzt ist es Zeit / das Himmlische Federgewand / anzulegen /
und nun erfüllt mich Sehnsucht / – nach Dir[379]

Sie rief den Vizekommandanten[380] Takano no Ôkuni zu sich und hieß diesen den Topf zusammen mit dem Trank dem Kaiser bringen.[381]

Ein Himmelswesen nahm beides an sich und überreichte es dem Vizekommandanten.

---

[375] wovon (ihr Außerirdischen) nichts versteht; die Prinzessin findet noch einmal zur alten Form zurück und wird schnippisch; übliche Verbotsformel schnippisch frei: haltet euch da heraus

[376] wörtl.: Empfänger (= Abholer), die (es) nicht gestatteten/unvermeidlicher   Empfang; ergänze: nicht gestatteten, daß ich länger hier verweile, oder: da ich unvermeidlich (irgendwann) (ab)geholt weden mußte etc.; Naumann: man hat es mir nicht *ver*stattet (nun ja; versuchsweise höfisch)

[377] mitnehmen; vgl. 7.1: *wiru* mit sich führen; Naumann unentschlossen: ist dennoch gekommen, mich abzuholen

[378] wegen dem Ärger um meine Person/frei: wegen dieser [Mond]geschichte von damals/weil ich (halt) so (ein schreckliches Mondmädchen) bin/wegen dieser Geschichte...; wir haben oben die Prinzessin als freie junge Frau kennengelernt; 1. Person: ich; Naumann: liegt an den *lästigen Verhältnissen* um meine Person; vgl. oben 9.5: Weil Kaguyahime sich eines Vergehens schuldig gemacht hatte...; da aber die Strafzeit abgelaufen ist...

[379] habe [einfache] Sehnsucht nach dir; Naumann (glühend unter der Schreib-Lampe): *zärtlich* doch [= doch jetzt/nun] sehne ich mich nach dir; das Japan-Lied unbedingt ohne Liebesgeplapper

[380] Vizekommandant; unter dem Vorsteher der Kämmerer (Erzkämmerer) *kurôdotô* waren zwei *tô* Kommandeure im Range eines Vizekommandeurs der Palastgarde angesiedelt; eine Unstimmigkeit im Text, da die hier genannte Person identisch sein müsste mit dem obengenannten *shôjô* Vizekommandanten Namens Takano no Ôkuni; Naumann: Vizekommandant und Vorsteher der Kämmerer

[381] ließ diese (dem Kaiser) überbringen = zum Palast bringen

Als der Vizekommandant alles an sich genommen hatte, legte man ihr das leichte Himmlische Federgewand an und schon schwanden ihr Mitleid und ihre Trauer um den Alten Mann.

Denn wer dieses Gewand trägt, hört auf zu leiden, und so bestieg die Prinzessin den fliegenden Wagen und fuhr zum Mond auf, begleitet von einhundert Himmelswesen.

10. DER BERG FUJI (Schluß)

Der alte Mann und die alte Frau waren danach ganz verzweifelt und weinten bittere Tränen,[382] doch das führte zu nichts.

Wohl ließen sie sich den Brief der Prinzessin vorlesen, aber sie meinten: „Wozu soll uns unser Leben noch wichtig sein. Für wen denn? Wir sind zu nichts mehr nütze." Sie tranken nicht von der Medizin, standen bald nicht mehr auf und lagen krank darnieder.

Der Vizekommandant zog seine Männer ab, kehrte mit ihnen zum Palast zurück und stattete dem Kaiser haarklein Bericht ab, weshalb es ihnen nicht gelungen war, Kaguyahime mit Kampfesgewalt zurückzuhalten.[383]

Er überbrachte ihm den Topf mit dem Trank und den Brief.

Der Kaiser las den Brief und war zutiefst betroffen, er nahm nichts zu sich und untersagte alle Vergnügungen, Tanz und Musik im Palast.

Er rief seine Minister und Staatsräte herbei und fragte: „Welcher Berg ist dem Himmel am nächsten?" Da antwortete einer: „Jener Berg in der Provinz Suruga ist der Kaiserstadt nahe und dem Himmel."

---

[382] sie weinten blutige Tränen = bittere etc.
[383] warum es ihnen nicht gelang, (Kaguyahime) mit Kampf(esgewalt) zurückzuhalten

Als er dies vernahm, verfaßte er ein Antwortlied:

Daß ich dich nicht mehr treffen werde / rührt mich zu einem Meer /
von Tränen in dem ich treibe / was soll mir / der Trank der Unsterblichkeit

Der Kaiser übergab die überbrachte Medizin, den Topf und den Brief einem Boten.

Zum Kaiserlichen Boten berief er einen Mann namens Tsuki no Iwagasa und befahl ihm, beides auf den Gipfel jenes Berges in der Provinz Suruga zu bringen.

Der Kaiser unterwies ihn, was er auf dem Gipfel zu tun habe.

Er befahl, den Brief und den Topf mit dem Trank der Unsterblichkeit nebeneinander hinzulegen, anzuzünden und zu verbrennen.

Der Bote nahm den Befehl entgegen und bestieg mit vielen Kriegern den Berg, seither nennt man ihn den Berg Fuji (was soviel bedeutet wie „reich an Kriegern", aber auch „unsterblich").

Und es wird überliefert, daß von dort der Rauch immer noch zu den Wolken aufsteigt.

ABBILDUNGEN

Alltagsgegenstände

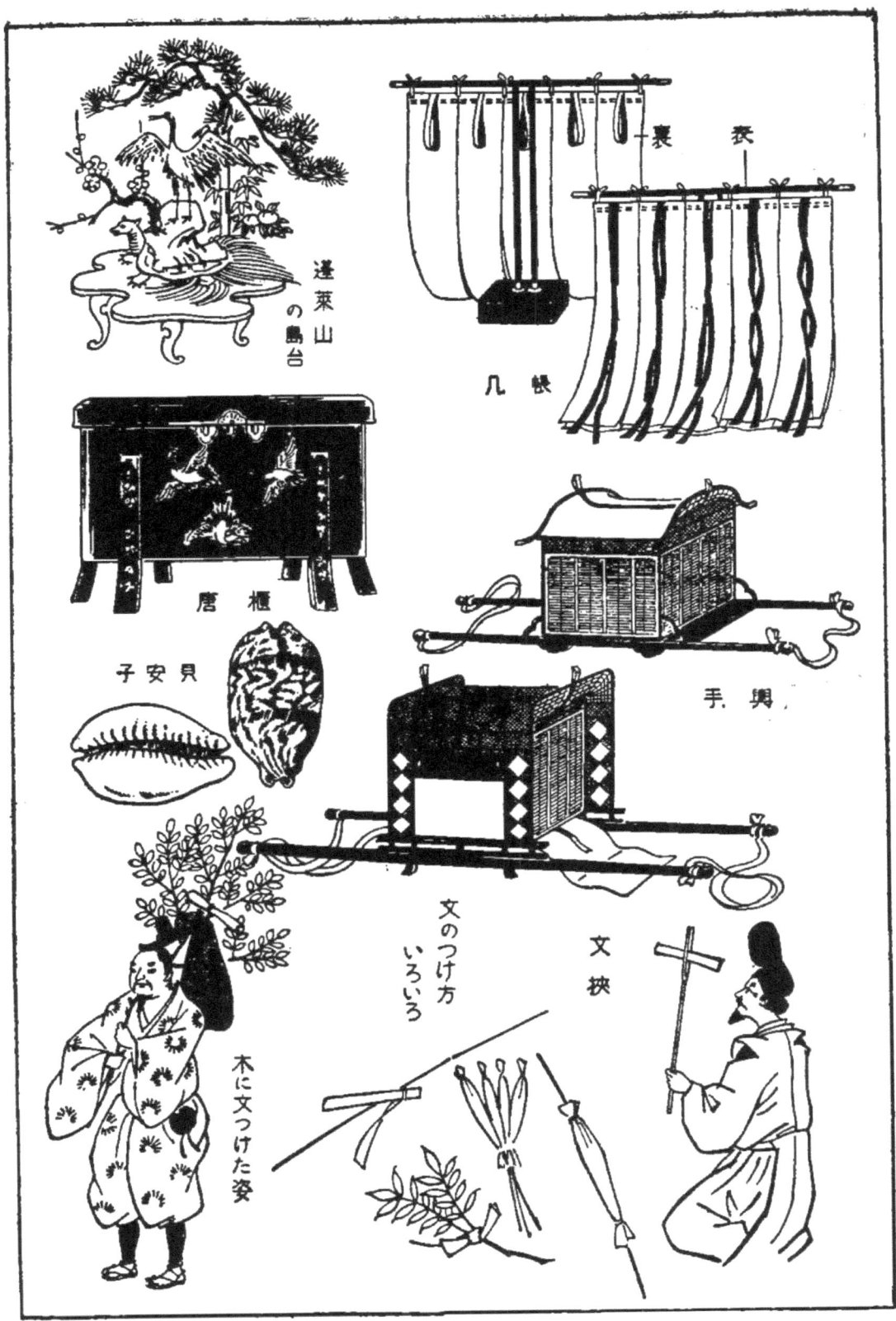

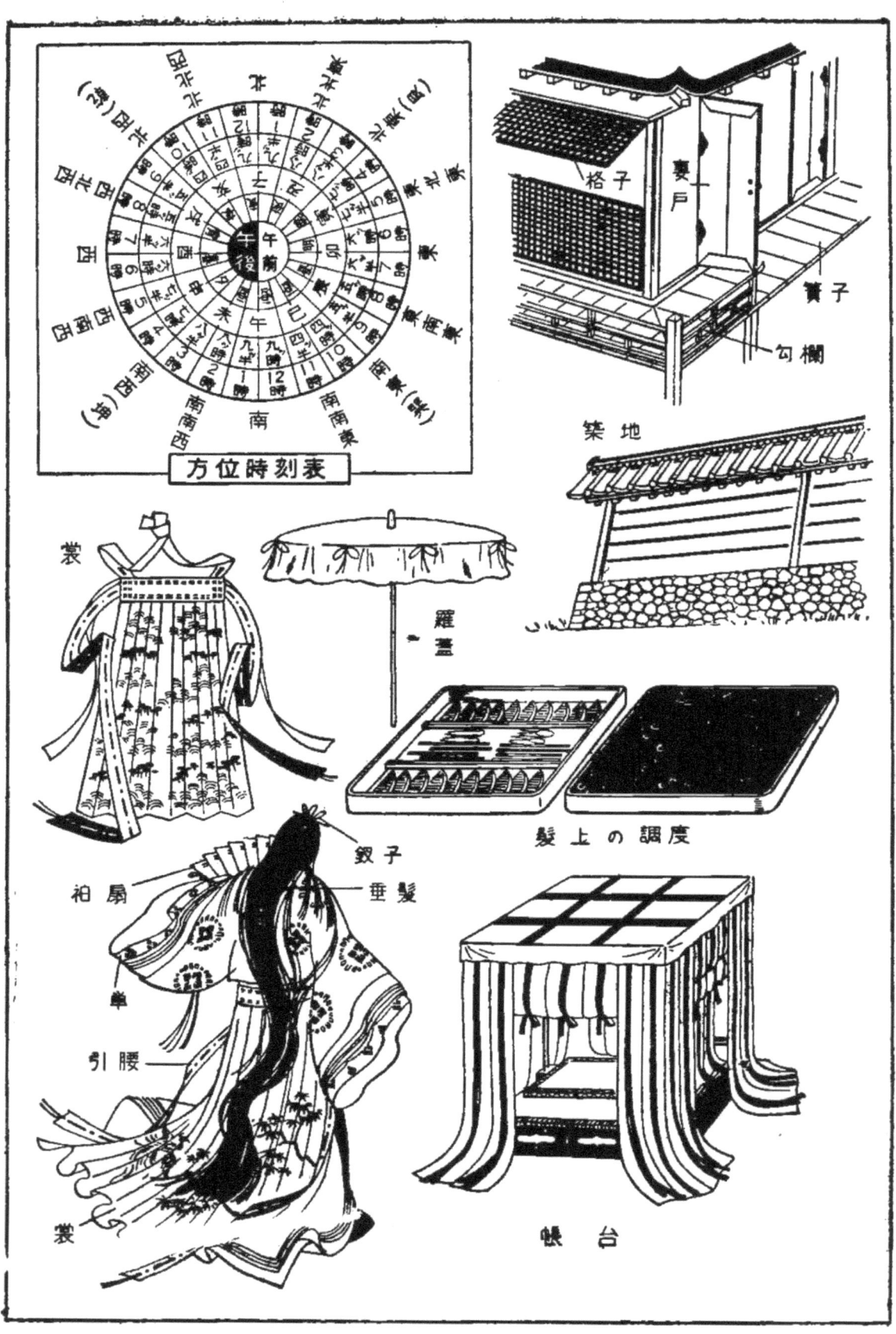

方位時刻表

格子

蔀戸

簀子

勾欄

築地

裳

羅蓋

髪上の調度

釵子
袙扇
垂髪
単
引腰
裳

帳台

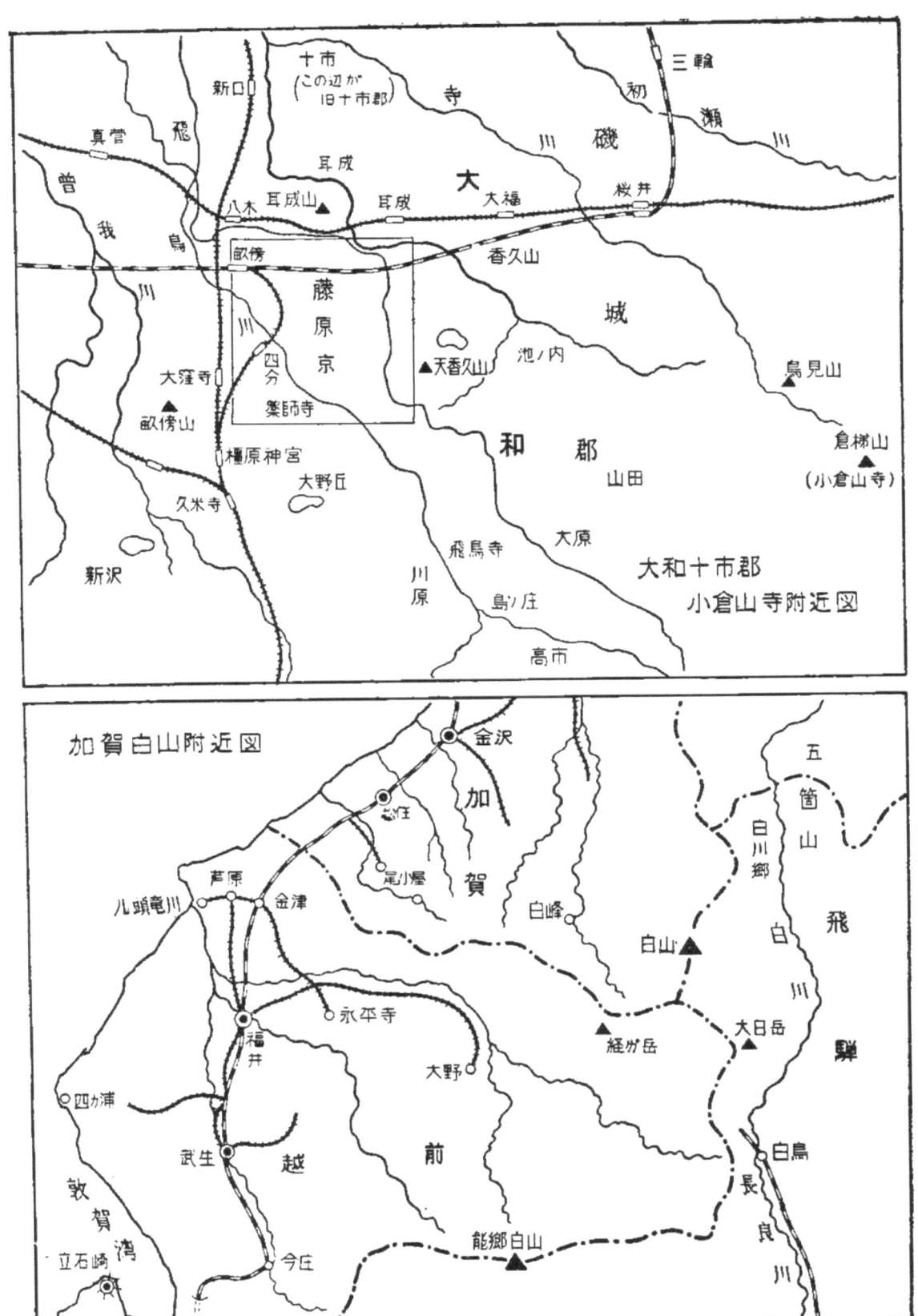

大和十市郡
小倉山寺附近図

加賀白山附近図

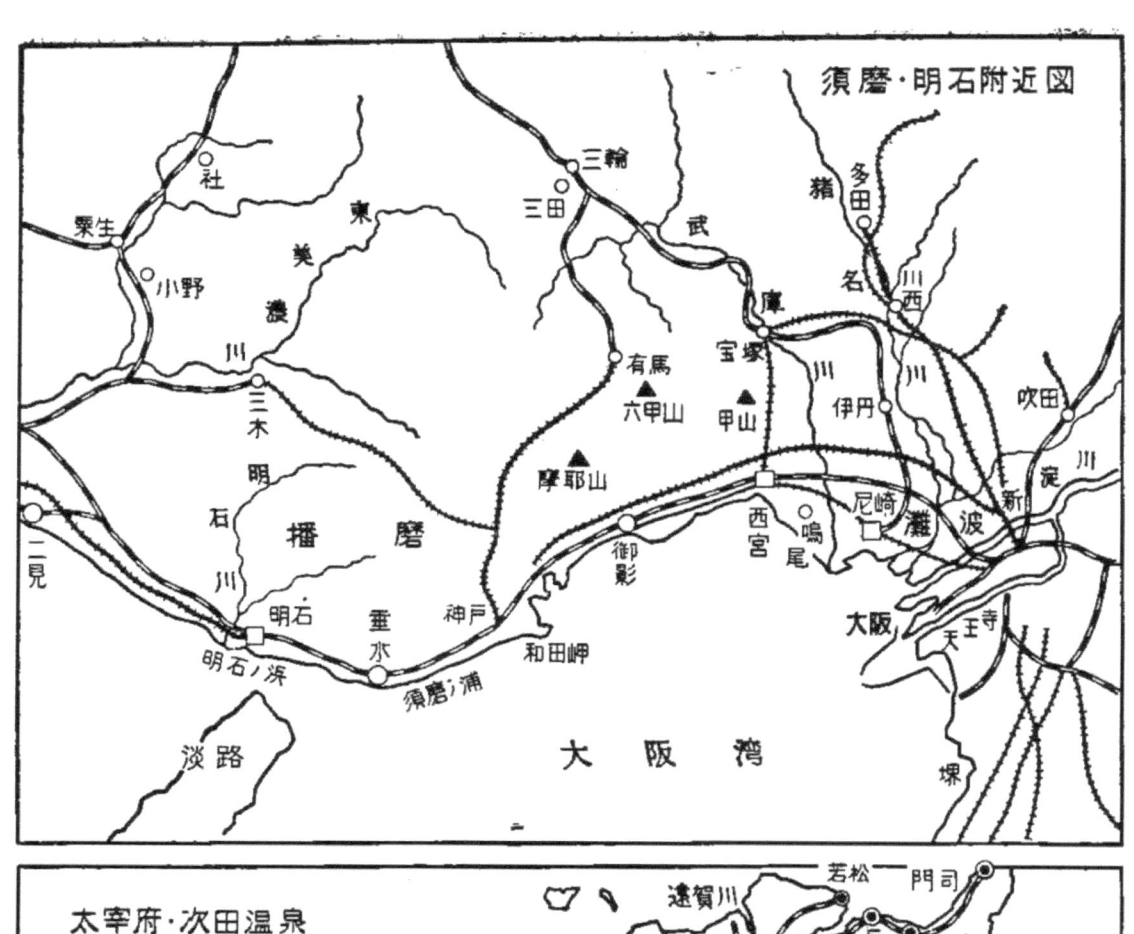

須磨・明石附近図

社　粟生　小野　東　美濃　三輪　三田　武庫　猪　多田　川西
川　有馬　六甲山　甲山　宝塚　伊丹　吹田
三木　摩耶山　御影　西宮　鳴尾　尼崎　灘　波　新　淀川
明石　播　磨　石　川　垂水　神戸　和田岬
二見　明石ノ浜　須磨ノ浦　天王寺　大阪　堺
淡路　大　阪　湾

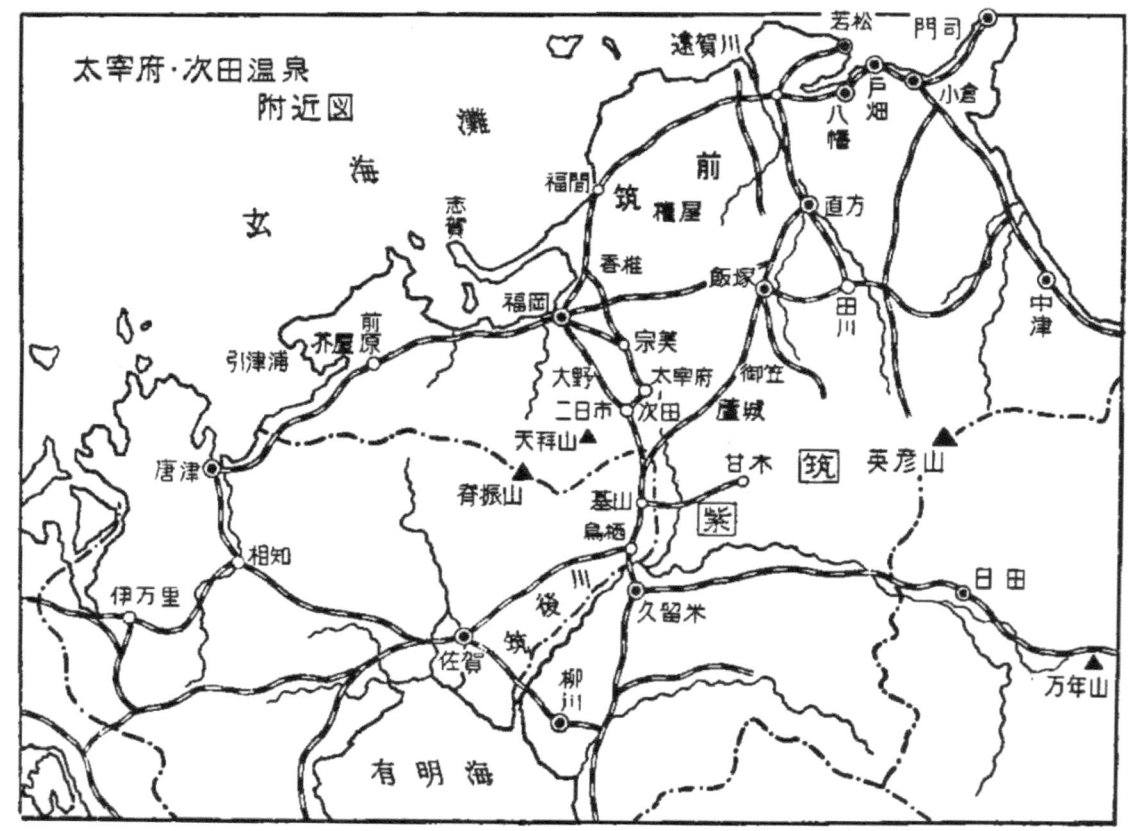

太宰府・次田温泉
附近図

灘　海　若松　門司
遠賀川　戸畑　小倉
玄　前　筑　八幡　直方
福間　穂屋　中津
志賀　香椎　飯塚　田川
福岡　宗美
前原　大野　太宰府　御笠
芥屋　二日市　次田　蘆城
引津浦　天拝山　甘木　筑　英彦山
唐津　脊振山　基山　紫
相知　鳥栖　日田
伊万里　後川　久留米
佐賀　筑　柳川　万年山
有　明　海

BIBLIOGRAPHIE

1. 竹取物語 / 上坂信男全訳注 . -- 講談社, 1978. -- (講談社学術文庫)

2. 筑紫語学論叢 : 奥村三雄博士追悼記念論文集 / 迫野虔徳編 . -- 風間書房, 2001

3. 竹取物語 ; 伊勢物語 . -- 限定版. -- 在九州国文資料影印叢書刊行会, 1979. -- (在九州国文資料影印叢書 ; 10)

4. 竹取物語 / 川端康成 [現代語] 訳 ; ドナルド・キーン英訳 ; 宮田雅之剪画 = The tale of the bamboo cutter : Taketori monogatari / modern rewriting by Yasunari Kawabata ; translation by Donald Keene; illustrations by Masayuki Miyata . -- 講談社インターナショナル, 1998

5. 竹取物語 ; 伊勢物語 / 南波浩校註 . -- 第 5 刷. -- 朝日新聞社, 1968. -- (日本古典全書)

6. ソウル大学校所蔵近世芸文集 / 鳥居フミ子 [編]著 ; 第 1 巻 - 第 6 巻. -- 勉誠社, 1998

7. 竹取物語 ; 宇津保物語 / 三谷栄一編 . -- 角川書店, 1975. -- (鑑賞日本古典文学 ; 第 6 巻)

8. 竹取物語 / 市川崑監督 ; 菊島隆三 [ほか] 脚本 . -- 東宝, 19--. -- (TOHO VIDEO ; . 市川崑監督作品‖イチカワ コン カントク サクヒン). ビデオレコード(videorecording)

9. 竹取物語 : 古写本三種 / 吉田幸一編 . -- 古典文庫, 1973. -- (古典文庫 ; 第 309 冊)

10. 伊勢物語 ; 竹取物語 ; 大和物語 . -- 帝国教育会出版部, 1938. -- (未刊國文古註釋大系 / 吉沢義則編 ; 第 9 冊)

11. 竹取物語 / 阪倉篤義校訂 . -- 岩波書店, 1970. -- (岩波文庫 ; 7202, 黄(30)-7-1)

12. 竹取物語 ; 伊勢物語 / 堀内秀晃 , 秋山虔校注 . -- 岩波書店, 1997. -- (新日本古典文学大系 / 佐竹昭広[ほか]編 ; 17)

13. 竹取物語 ; 伊勢物語 ; 堤中納言物語 . -- 筑摩書房, 1969. -- (日本短篇文学全集 / 臼井吉見編 ; 第 1 巻)

14. 竹取物語 ; 大和物語 ; 住吉物語 ; 唐物語 / 正宗敦夫編纂校訂 . -- 日本古典全集刊行會, 1927. -- (日本古典全集 / 與謝野寛[ほか]編纂校訂 ; 第 2 回)

15. 竹取物語 / 野口元大校注 . -- 新潮社, 1979. -- (新潮日本古典集成 ; 第 26 回)

16. 竹取物語 . -- 早稲田大学出版部, 1987. -- (奈良絵本絵巻集 / 中野幸一編 ; 1)

17. 竹取物語 / 片桐洋一校注・訳 . 伊勢物語 / 福井貞助校注・訳 . 大和物語 / 高橋正治校注・訳 . 平中物語 / 清水好子校注・訳 . -- 小学館, 1994. -- (新編日本古典文学全集 ; 12)

18. 竹取物語 ; 伊勢物語 ; 土佐日記 / 片桐洋一 [ほか] 校注・訳 . -- 小学館, 1983. -- (完訳日本の古典 ; 第 10 巻)

19. 竹取物語・大和物語・宇津保物語 / 藤井貞和[編集・執筆] ; 大岡信[エッセイ] . -- 新潮社, 1991. -- (新潮古典文学アルバム ; 3)

20. 竹取物語 ; 大和物語 / 阪倉篤義解説 . -- 天理大学出版部, 1976. -- (天理図書館善本叢書和書之部 / 天理図書館善本叢書和書之部編集委員会編 ; 第 29 巻)

21. 平安朝物語 / 日本文学研究資料刊行会編 ; 1-4. -- 有精堂出版, 1970. -- (日本文学研究資料叢書)

22. 竹取物語 ; 伊勢物語 ; 大和物語 ; 平中物語 / 片桐洋一 [ほか] 校注・訳 . -- 小学館, 1972. -- (日本古典文学全集 / 秋山虔 [ほか] 編 ; 8)

23. 竹取物語 / 阪倉篤義校注 . 伊勢物語 / 大津有一, 築島裕校注 . 大和物語 / 阿部俊子, 今井源衞校注 . -- 岩波書店, 1957. -- (日本古典文學大系 ; 9)

24. 竹取物語要解/三谷栄一 -- 有精堂, 1964

25. The old bamboo-hewer's story : (Taketori no okina no monogatari) ; Ho-jo-ki : (notes from a ten feet square hut) ; The story of a Hida craftsman : (Hida no takumi monogatari) / Frederick Victor Dickins . -- Ganesha, 1999. -- (Collected works of Frederick Victor Dickins ; v. 3 . Translations ; 2)

26. Primitive and mediaeval Japanese texts / Frederick Victor Dickins ; 1. Translations; 2. Romanized texts. -- Ganesha, 1999. -- (Collected works of Frederick Victor Dickins ; v. 6-7).

27. Primitive and Medieval Japanese Texts / Dickins, F. V. -- Oxford 1906 (2 Bde.) (enthält Übers. d. *TM*).

28. El cuento del cortador de bambu / traduccion del japones y edicion de Kayoko Takagi; : Trotta;: Unesco. -- Trotta, 1998. -- (Pliegos de oriente ; serie lejano oriente)

29. Le Conte du Coupeur de bambous / presente et traduit du japonais par Rene Sieffert . -- Publications Orientalistes de France, 1992. -- (Collection tama)

30. Le Conte du Coupeur de Bambous / Sieffert, R. -- BMFJ, Nouv. Ser., Bd. 2 (1953).

31. Storia di un tagliabambu / a cura di Adriana Boscaro; [traduzione dal giapponese di Adriana Boscaro] . -- 1a ed. -- Marsilio, 1994. -- (Letteratura universale Marsilio ; . Mille gru : collana di classici giapponesi)

32. The old bamboo-hewer's story (Taketori no okina no monogatari): the earliest of the Japanese romances, written in the tenth century / translated, with observations and notes, by F. Victor Dickins . -- Trubner, 1888

33. The old bamboo-hewer's story (Taketori monogatari): the earliest of the Japanese romances, written in the tenth century / translated, with observations and notes, by F. Victor Dickins . -- San Kaku Sha, 1934

34. The Tale of the Shining Princess. Adapted by Sally Fisher from a Translation of the Story by Donald Keene, The Metropolitan Museum of Art and a Studio Book/The Viking Press New -- 1981; mit ganzseitigen, farb. Stichen aus einer am Ende des 18. Jahrhunderts erschienenen Ausgabe des Taketori monogatari

35. Taketori monogatari / Lange, R. -- Yokohama 1879

36. Der Bambussammler, Märchen aus Altjapan. Übers. v. U. M. Shimada und F. W. Mohr. In: Nippon, l. Jg. Berlin 1935

37. Die Jungfrau vom geschmeidigen Bambus: altjapanisches Märchen = Taketori-Monogatari / nach der Übersetzung von Johanna-Maria Schwarz-Okuno; herausgegeben und mit einem Nachwort versehen von Hanns Maria Lux . -- Reclam, 1953. -- (Universal-Bibliothek; Nr. 7800)

38. Die Geschichte vom Bambussammler und dem Mädchen Kaguya / [neu ins Deutsche übertragen und mit einem Nachwort versehen von Hisako Matsubara; illustriert von Naoko Matsubara] . -- Langewiesche-Brandt, 1968

39. Die Erzählung vom Bambussammler / N. u W. Naumann: Die Zauberschale -- München, 1973

40. Taketori-Monogatari, Die Erzählung vom Bambussammler 竹取物語要解 / Horst Arnold-Kanamori, Klassisches Japanisch VII -- Hamburg 2003

41. Taketori-Monogatari, Wörter- und Satzverzeichnis 竹取物語 重要語区・文章索引, Horst Arnold-Kanamori, BoD · Books on Demand GmbH, Norderstedt 2024

Zum Autor:

Dr. Horst Arnold-Kanamori (geb. 1952), Studium der Schulmusik, dann der Japanologie an der Freien Universität Berlin. Zuletzt tätig als Lehrer für Japanisch, Türkisch und Koreanisch am Sprachenzentrum der Universität Ulm. Zahlreiche Veröffentlichungen zur modernen und klassischen japanischen Sprache und Kultur.